波動の極《きわ》み

真言宗金剛院派寿宝院住職
加藤宝喜
Kato Hoki

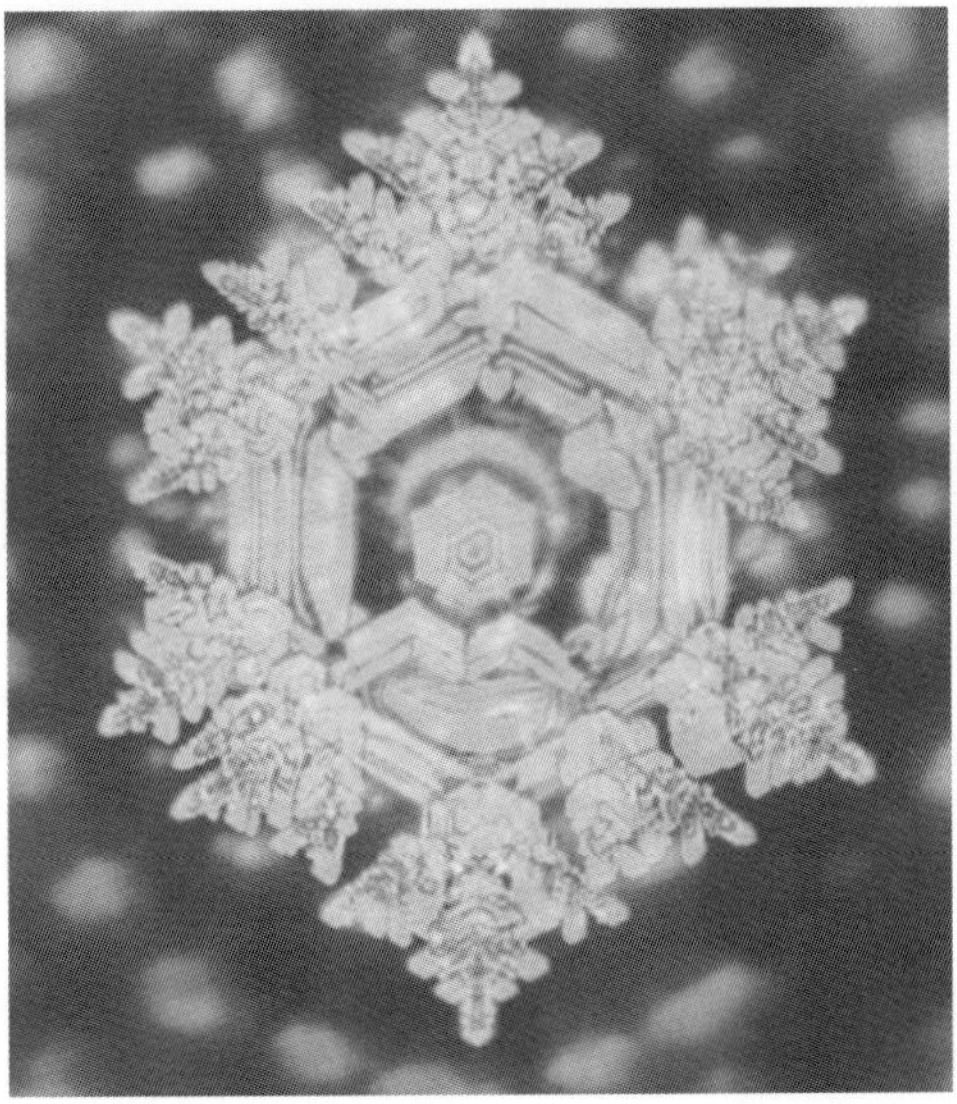

たま出版

群馬県水上町の藤原ダムで「真言（コトタマ）による水の浄化実験」を行ったときの写真。錫杖《しゃくじょう》の左上部のところに光が見え、その光が幾条かの帯のようになって湖面を照らしている。その上部の中心に観音様がぼんやりと見える。錫杖に赤、青、二色の破動が伝わって見えた。その後、弁財天となって後に大日如来となり、光は消えた。（第6章）

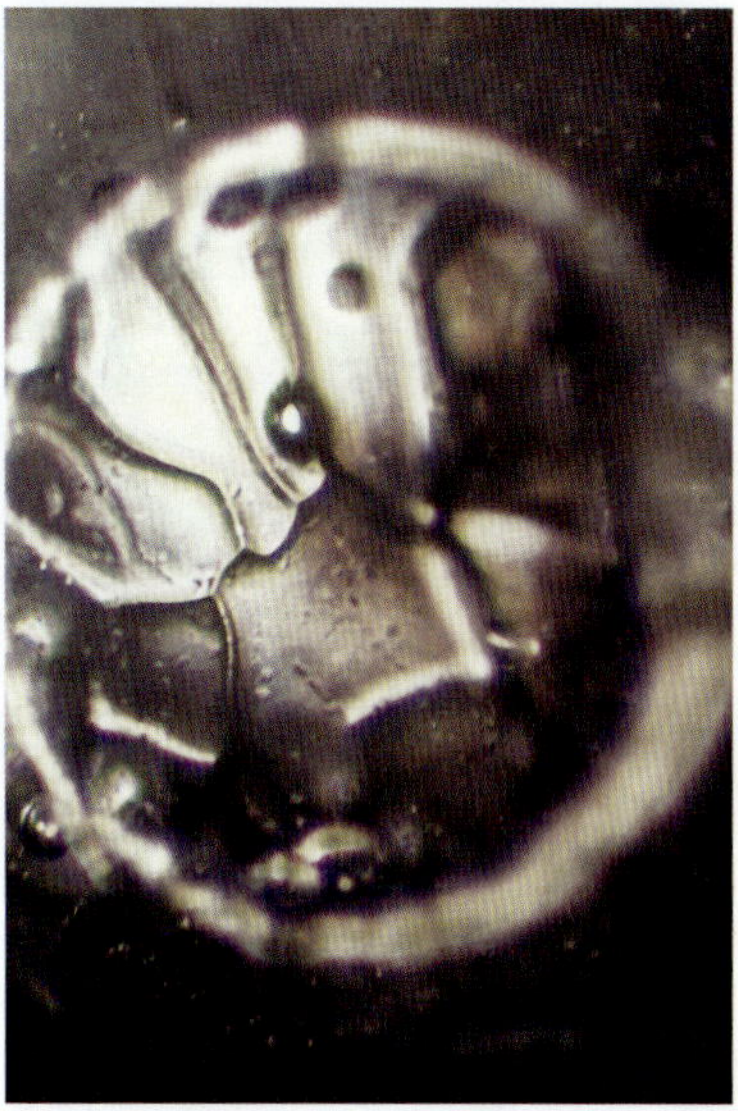

ここで紹介するのは、群馬県の水上町にある藤原ダムで行われた「言霊による水の浄化実験」の結果得られた結晶写真です。日本では古くから言葉に魂が宿るといわれ、言霊《ことたま》の考え方は広く浸透しています。

実験前のダムの水の結晶写真（上）は、なんともおぞましい限りで、もだえ苦しむ人の顔のようにも見えます。この日は、ダムのほとりで、約１時間にわたり加持祈祷の行を行いました。行が終了して、しばらくした後に、立ち合った私たちがその場から肉眼で見てもわかるほど、ダムの水が見る見るきれいになりました。これを目の当たりにして、非常にびっくりし、大変感動しました。
さらに結晶写真ではどうだろうと、期待を込めて持ち帰り撮影したものが次のページの結晶写真です（カバー写真も）。今までにこれほど美しく、本当に光り輝くエネルギーを発している写真は見たことがありません。六角構造の中に、さらに小さな六角形があり、その回りを取り巻く光のオブジェはオーラであり、中央の三日月型の部分は、まるで後光が差しているかのようでもあります。
人の意識に基づく言魂のエネルギーの計り知れないパワーを感じさせる写真であり、人間の愛や感謝に基づくエネルギーと水とが調和したとき、とてつもなく素晴らしいことが起こるのではないでしょうか。

（写真提供＝江本勝先生［カバー、次ページも］）

藤原ダムでの祈祷後の水の結晶写真。汚水が聖水に変化したことがこの結晶からもよくわかる。

波動の極み●目次

目次

第三章　神仏とは　87

第四章　現世欲からの脱却　117

どうしたら幸せになれるのか

みなさんが一番知りたいのは「どうしたら幸せになれるか」ということですね。普通に考えると、「お金」と「健康」です。しかし、お金がたくさんあれば幸せになれるか、と言えば逆です。必要以上のものを持つということは、逆に不幸になるということです。

例えば、今あなたが幸運にも健康に恵まれているとしたなら、その健康な体を使ってどうやって生きるか、ということを考えるのです。お金があるからと、何もせずゴロゴロしていたら精神も体も具合が悪くなってきます。人間は、仕事を通して社会に貢献し、その見返りに給料をもらうという形で生活ができています。

そういうサイクルがグルグル回るようになっているのです。そして、貯まってくるお金を上手に使えば良いのです。貯めようと思うと「欲」になります。

「幸せになりたい」と多くの人は思っていますが、では、なにが幸せかというと大多数の人は分かっていません。巷に多く出回っている自己実現の本があります。「金が儲かった」、「いろんな奇跡で金が入った」、「欲しい車が手に入った」、「好きな人と一緒になれた」などです。はたしてその人は幸せなのかというと、そのあとその人がどうなっているかということが大事なのです。それは「幸せ」とイコールとは限らないのです。

あなたは欲望や物欲を幸せと混同していませんか？　確かに幸せの必要条件に物欲を満たすということはあります。ある程度、生活ができる程度のお金を持っていないといけないというのはありますが、それだけではないはずです。それは、幸福の中の一要素ではありますが、もっと大事なものがあるということです。

では、どうしたら「この世で幸せになれる」のでしょう。そして、その方法はあるのでしょうか。本書ではできるだけみなさんに分かりやすく、そして、実例を交えながら「密教」に触れていただき、「密教の知恵」を生活の中で生かしていただきたいと思っています。「密教の知恵」を生活に生かすことができれば、きっとこの世で幸せになれます。

病気の人がたくさんのお金を持って病院にいけば治るかといったら、そんなことはありません。それは日々の精進です。何を食べるのか、どうやって生きるのか、どうやって体を動かすのか、どういう人間関係を作るのか、それが大事なのです。「たくさんのお金を払ってくださいよ」というのは本末転倒な話です。

「大金を持って来れば治る」とか、「こういうふうにやるとお金が儲かるのだ」とか、そういうことを教えるところというのは、人の欲に働きかけ、引きずり込んでしまう低い霊格の人間ばかりが集まっています。

高尚な考え方を持つ人、仏様の教えに近い考え方を持っている人は、そういうグループがあっても近づきません。しかし人間関係が悪いと、いくらやっても餓鬼《がき》道に堕ちてしまうのです。

「類は友を呼ぶ」とよく言いますが、その人の持つ意識レベルの問題で、「金が惜しい」、「金が欲しい」という人のところには、そういう人ばかりが集まってきます。

マルチ商法のようなビジネスに群がるのは、同じ様な人種で「早い者勝ちで一儲けできる」と考えている人ばかりが集まってきているのです。それとは逆に、ボランティアをとおして「儲けることよりも人の力になることをしましょうね」ということを言っていると、そういう人が集まってきます。善意で集まるのですから、そこには何の駆け引きも起こってはきません。欲で集まると足を引っ張り合いますから、ろくな人間関係ができないのです。

子どもを巻きこむ競争社会

今度は子どもたちの側から考えてみましょう。今の社会の中では子どもたちも育ちにくい現状でしょう。子ども社会の中でもいじめたり、いじめられたり、人の痛みが分からない子どもたちが増えているというのは、根本的な問題が間違っているからです。

今の社会の原理というのは、競争して、勝ち残るという資本主義ですから仕方ありませんが、「奴らを、け落とせ」、「クラスの仲間も敵なんだ」子どもたちは、大人にそう教え込まれます。子どもたちも勉強や習い事をとおして「こいつらをけ落として、自分が生き残るようにがんばらなくてはいけない」ということを小さい頃からずっと教えられているわけす。

それが社会に出てからもよその会社を潰してでも、自分の会社が大きくなればいいという考え方になってしまうのです。そして、それがある意味、「正義」になってしまっています。これでは良い社会はできません。

政治家もそうです。今の立場を使って権力を握り、私腹を肥やすことが政治家の目的となってしまい、「自分は国民の代表で、この国の五〇年、百年のために汗を流す」などという政治家は本当に少数です。また、私腹を肥やすようなろくでもない政治家を国民は選ばざるを得なかったのです。

幼児虐待、児童虐待のこともそうです。親が児童虐待をしたので、行政が保護をして、ちゃんと教育して親元に帰したら、また虐待されて子どもが死んでしまった、というような新聞記事がありますが、親の教育ができていないのです。そういう親は「今までの考え方が間違っていました。今度は愛情を持ってちゃんと育てます」と口では言います。

確かにその気持ちになっているのです。しかし、家に帰るとダメなのです。根は残っていますから何かの拍子にそこからまた吹き出してしまいます。

ですから、その根をどうやって絶つかということです。上っ面《つら》の教育では子どもも親も救えません。

今の学校の教育ではたぶん無理です。あるいは、精神科など病院の心理カウンセラーのところに行っても治せないでしょう。そして、彼らには「治せない」ということを知っている人もなかなかいないのです。

多くの人は、病院に行けば病気を治してもらえると思っていますが、今は逆です。むしろ病院で病気を作っているようなところがあります。ヒーラーと呼ばれる人たちもそうです。ですから、その根本を治すのが宗教の役割なのです。

それなのに、今はその宗教が害毒を流すばかりです。利他行《りたぎょう》を行い続けるということは教えません。それればかりか「信者さんを増やしなさい、それが利他行だ」と言っています。しかし、それも違います。それは最終的に自分がその中で良い地位や権力、見せかけの幸せになるために、人を引きずり込むためのものです。

それは物欲でしかありません。ただの目に見える「物」なのです。たとえ大僧正《だいそうじょう》になって、偉くなって、ものすごく大きな伽藍《がらん》を作って威張ったところで、いずれは年を取って死んでしまうのです。

立派な建物で、キンキラキンの着物を着て、ゾロゾロお弟子さんを連れていると偉そうに思います。病院もそうです。ボロな個人病院よりも、新しい設備が入っている総合病院で回診にゾロゾロ医師を連れて歩く院長先生の方が偉いと思ってしまいますが、本当は逆なのです。それは金儲けをしているから立派な建物を保有できるということで、ちゃんとした治療をしている、していないということとは関係がないのです。お寺もそうです。建て直しばかりを繰り返し、ドンドン立派になっているお寺というのは、檀家からお布施をいっぱい集めているということです。それが信仰の篤さとはイコールでは決してないのです。なぜなら、仏様は「金儲けしなさい」とは教えてはいないわけですから。仏様の教えは、「因縁を断ち切り、極楽浄土に行きなさい」ということなのです。

第一章

歩み

名門の家系から落ちぶれた生家

密教のお話に入る前に、私がいかにしてこの道に入ったか、また入らざるを得なかったかをお話しいたします。私にとっては恥の部分もありますが、それ故に私は生かされ、また、子どもたちも救われてきたのです。人は、艱難辛苦《かんなんしんく》を乗り越えたとき、それが仏様の慈悲であったことを知るのです。

かなり昔になりますが、私のお祖母さんの従兄弟が浄土宗のお寺で住職をやっていました。その住職は、昔の国語の教科書にも載っていたほど有名な人だったようです。何をされた方かは良く知りませんが、私はそういう家系のようです。

私の父の家も庄屋のようなことをやっていたようです。しかし、二代目ぐらいから落ちぶれてきて、私が生まれたときは、落ちぶれてどうにもならなかったほどです。昔は戒名も九文字くらいだったのですが、それが突然四文字くらいになってしまっているのです。没落してしまったということです。

母親の家系は、細川家の筆頭家老だったと聞いています。それから男爵となり、日本で初めて洋行し、ヨーロッパに勉強に行ったといいます。

それで、帰ってきて神田の三省堂近くの三百坪くらいの土地で、印刷工場をやっていました。それからおかしくなったのでしょう、失敗してしまったのです。その跡目を継いだ人が現在も杉並あたりでラーメン屋をやっています。

母も食うや食わずになってからの嫁入りです。ですから、大変な貧乏でした。それでも母は、立って障子や襖を開けたことがなかった人です。小さい頃はお嬢さんだった人ですから、躾《しつけ》が良かったのでしょう。

母は、浄瑠璃、義太夫というものをいつもやっていました。芸事のたしなみがあったのだと思います。

私の父はテキ屋の親分です。テキ屋嫁業というものは旅が多いために、家にその職業の人たちが出入りしたというような記憶はありません。しかし、何代目襲名披露という通知はしょっちゅう来ていたようです。父は襲名披露に招待されてよく出かけていました。そんな関係で父は、日本中にそういうネットワークを持っていたわけです。

しかし、悪どいことや残虐なことが大嫌いな人でしたから、父には商売人が合わなかったのでしょう。もっと商売っ気を出して、うまく立ち回り、組を大きくするということもできたのでしょうが、しませんでした。やはり、性格的なものでしょう。

父は祖父からの世襲でテキ屋の親分になった人ですから、一応お祖父さんの息子ということで周りのみんなが立てるわけですが、手広くやることはありませんでした。

私はごく普通に育てられたのだと思います。しかし、家系の因縁が悪くて、きっと先祖がとても悪いことをしたのでしょう。家族の中、特に子どもたちに病人が多いのです。兄も兵隊から帰ってきましたが、結核にかかってしまったのです。その兄から、兄弟に結核がうつり病人が後を絶たないので、私は若くして家を出てしまいました。

そのころは、学校といってもまともに通っている子どもはあまりいませんでした。ですから私は、昔の尋常小学校を出て、あとは独学で学びました。家を出たのが、十四、五歳のときのことです。

夜間大学と徴兵

そのころは宗教というか、信仰という事柄とはまったく関係がない生活を送っていました。しかし、戦争の悲惨な苦しみを目の当たりにしたことが後々、信仰の道へ入っていくきっかけになっているのかもしれません。私は徴兵検査を受けたのですが、戦争に行く前に終戦を迎えました。

そのころ私は、自動車の構造を学び自動車関係の仕事をしようと思い、今の神田にある東京電機大学の前身の大学で機械科を学んでいました。夜間の大学でしたが、そこで学んだことが役立ち、自動車修理もできる技術を習得しました。

大学で学んでいるときに、徴兵検査がかかりました。私は自動車関係の専門技術を学んでいましたから、その関係で海軍の軍属に配属されたのだと思います。

海軍では学科修得し、実地を行い、それが終わると今度は輸送班に配属されました。そこで、終戦です。戦争のために大学は途中で行けなくなるし、軍では朝から晩まで徹底的に絞られ、ろくに食べる物も与えられませんでしたから、骨身にしみて戦争は嫌だと思いました。

終戦になってすぐに縁があり、一時代を築いた実力者のYさんのところに行きました。Yさんの会社は、田園調布あたりにありました。会社といってもブローカーですから、事務所があるだけです。その会社に行って、自動車についての能書きを話すと「おまえ、採用だ」と言われ、即刻、採用です。

採用が決まると今度は、即刻「京都に行け」という辞令です。しかたなく、そのまま京都に行きました。赴任のようなもので、本社と離れて暮らすのですからのんきなものでした。

京都では、車を事務用に使うわけです。会社はブローカーですから何でも商売にするわけです。そのうちに会社の上司から「提案書を書け」と言われたのです。これから先、会社として何をやったらいいかの提案書です。

私は「これからは車の時代だから中古車を売ったら儲かる」という旨の提案書を書きました。すると、それを社長が見て「これがいい」となったのです。車の中古を買って販売していくのです。この提案は、現実的にはそんなに手広くやるまでにはなりませんでした。

流浪の徒から宗教への目覚め

それはちょうど二十歳ぐらいのころでした。そして、そのときに楽をすることも含め、いろんなことを覚えたのです。東京に帰り、また学校へ行きましたが続きませんでした。きっと、家があって、家庭がちゃんとしていたら続いたのでしょうが、横井産業の倉庫のようなところに入れられて、そこで運搬の仕事をさせられていました。それからは学校も辞めて、流浪の旅のようなことをやっていました。

そのうちにもう亡くなってしまいましたが、上の兄貴がソースを作る工場をやっていたのでそこを頼って行きました。あのころはとても社会が不安定で、戦争、平和、戦争、平和の繰り返しでした。また、この世の中を平和に持って行くにはどうしたらいいかという平和運動が盛んでした。昭和二十年代のことです。それから平和運動は、全学連などの六十年安保へと進んでいきました。

組合運動華やかなりしころの左翼系の共産党の運動に私も参加したりしました。そのうちに、宗教に巡り会ったのです。そのころ、赤岩栄という有名な牧師さんがいたのですが、そこに行ってキリスト教の洗礼を受けたのです。ですから私は、仏教の世界に入る前にキリスト教徒だったことがありました。

共産党と平和運動とキリスト教。これは矛盾しているようで矛盾していないのです。ということは、それぞれの次元が違うということです。平和運動は三次元だし、宗教というのは高次元なものですから、まったく次元が違います。それで矛盾しないということです。キリスト教で左翼運動をしている、そういう人が昔は随分いました。

堺利彦や内村鑑三もそうです。彼らも熱心に社会改革の運動をやっていました。私が洗礼を受けた赤岩栄牧師もそうでした。赤岩牧師はプロテスタントの牧師でしたが、社会運動をやった人です。安保反対や、米軍の横田基地の問題など、キリスト教をやりながら社会運動の活動を続けた人でした。

やがて私は、共産党から離れていくのですが、ただ漠然とイヤになったから辞めたということではありません。あのころは党内闘争などが結構あったのです。「選挙によって平和革命をする」という派と、「それでは革命はできないんだ、世の中は変わらないんだ、武力でやらないと革命はできないんだ」という考えを持った派によって党内に抗争が起こるのです。

これは、スターリンとトロツキーの問題です。スターリンが間違っているのだというスターリン批判が起こったころです。そういうことをやっていながら、共産党は「今度は選挙で革命するんだ」と、言うわけです。私には、それはできないということで辞めました。つまり、考え方が違ってきたということが根本にありました。

そのころから教会への足も段々と遠のいて行ってしまいました。そのころの仕事は、先ほどお話しした兄のソース工場から独立してソース造りをやっていました。小さいながらもソース会社の社長ですから、そのころの収入はとても良かったのです。

そのころの収入は、月に二万円か三万円でした。当時の平均的な給料は三千円くらいの時代でしたから普通の人の十倍くらいの収入でしたが、やはり、自転車操業ですから会社は伸びません。しばらくして、ソース工場を辞めました。辞めたときはなんでもやりました。私は、車の運転ができましたから、タクシーの運転手をして稼いでいたこともありました。

印相への疑問から仏教へ

私は、その他にも不動産をはじめ、いろんな職業をやりました。しかし、どれもうまくはいきませんでした。そのうちに印鑑の販売をはじめたのです。それが本格的に宗教に入っていくきっかけとなりました。

というのは、印鑑には印相というものがあります。お客さんにはその「良い印相」ということで売っていたのです。しかし、印相のことを研究し、勉強してみると「印相」には納得できるだけの根拠がないのです。「この印鑑を持てば、あなたは幸せになれる」などという根拠が納得できないのです。印相学といわれるものも勉強しましたが、定かではないのです。印鑑屋が売るために言っているだけのような気がしてきたのです。

それで、「これではしょうがない」と思ったわけですが、もうすでに売ってしまっていました。そして、自分で納得できないものを売ってしまったということは、人を騙したことになってしまうと考えるようになったのです。

人を騙したら大変なことになります。そこで、売った人に何とか幸福になってもらうには拝むよりしょうがないと思い、それで拝みだしたのです。そのことが、私が仏門に入る大きなきっかけになったのです。

そこから懺悔して、印鑑を買ってくれた人のすべてのリストを整理し、それに対し「みんなが幸福になるように」と拝んでいったわけです。勝手に拝んでいったわけです。アフターケアのようなものですね。

しかし、勝手に拝んでもしかたがない、これではダメだと思い、なんとか道はないかと、いろいろ考えたのです。結果、これはキリスト教ではなく仏教だと思い、仏教の道を模索したのです。どこへ入ったらいいかなどと考えるうちに、自然とお祖母さんのことが頭に浮かんできたのです。

宗教の道は私の祖母が五〇年ほどやっていた道です。祖母は弘法大師を拝んでいましたから、私も自然に弘法大師のお経を唱えるようになっていきました。

そのときはもう祖母は他界していましたから、祖母から何かの教えを請うことはできませんでした。祖母との想い出は、子どものころの小学校四、五年生の十歳くらいのときの記憶です。

祖母のもとにいろんな人が訪ねてきて、いろんな人を助けているのを見ていました。そのことが頭のどこかに残っていて、それで真言宗の門徒になろうと思ったのでしょう。それは、私が四十代半ばのときです。

私は、印鑑屋をやりながら「大法輪」という雑誌を読んでいたので、その本に載っていた広告を頼りにお寺の門をたたいたのです。

こうして私は、「行」を受けるために姫路の本覚寺までたどり着いたのです。本覚寺は真言宗金剛院派といいます。金剛院派は、比較的新しい新興宗教です。

私は本覚寺に入り真剣に宗教、仏教のことを勉強していきました。すると、人を騙すということが恐ろしくてできなくなり、現世での欲もなくなったのです。今の私は何が欲しいかといえば、極楽浄土が欲しいのです。ですから、貧乏してもかまわない。心に錦を持っていれば極楽浄土に行けるのだと、それだけです。

私は、千座《せんざ》の行もしましたが、それまでには「死のうか、生きようか」というところまでいったわけです。それは、五十歳くらいのときです。すでに得度《とくど》は受けて住職になって、人から相談を受けていました。その当時はまだ印鑑を売ったり拝んだりしていましたから、本山で「行」を受けながら印鑑を売っていたのです。

印鑑を売って「行」を受けないと、人をまるっきり騙していることになってしまいます。印鑑を売って「良くなります」と言っても責任がとれませんからね。

よく印鑑屋が「良い印相の印鑑を作ると運勢が良くなりますよ」と言いますが、私にはどうしてもその根拠が納得できないのです。さんざん研究して、それでも納得できなくて「これは大変だ」ということで、坊さんになったのですから。

私は印鑑を作った人の供養や開運のために「行」を始めたのです。

高野山に導く不浄霊

また、私が「行」へ入っていく前にこんなこともありました。私が寝ていると、夜中に黒い影が出てきます。その黒い影は金縛りや、苦痛を与えるために出るのではなく、訴えるために出てくる不成仏霊です。

その霊は、わたしの先祖に関係する霊で何かを一生懸命喋るのですが、それが言葉はハッキリしているのに、何を言っているのか意味が分からないのです。

「十一番、十一番」と言っていることは分かるのですが。「十一番」がなんなのか分からなくて、悩んでいたのです。すると、一週間たたない間に東松山の吉見というところを車で走っていたら「十一番」と言っているのがあったのです。「これかな？」と思ってそこに行ってみると、やはり十一番の観音様なのです。黒い霊はそこで祈ってくれということだったのでしょう。そこで祈ったときに「観音様が守護霊なんだ」と分かったのです。

それからしばらくして信仰の道に入っていったのですが、不思議なことにこの「十一番」が今度は弁財天に繋がることになるのです。

そこに祭られていた観音様は、聖《しょう》観音という観音様でした。「十一番」というのは高野弁財天が十一番ということではなく、十一日が縁日なのです。高野山で行われる、弁財天の縁日の日なのです。その関係で、観音様と弁財天が繋がったと感じています。弁財天というのは観音様が水の女神となって、弁舌と財産と音楽と文学の福神となって、弁財天になっているわけですから関係があるわけです。それからこんどは高野山の弁財天に行くようになったのです。

私が修行に行った時期は、二年ぐらいでしょうか。ただ、修行というのは、毎日が修行なのです。ですから、山にこもってすごい修行をしても帰ってきて何もやらなかったらまた元に戻ってしまいます。自分の「行」なのですから。自分で信仰を磨くということを絶えず、一日として欠かさずにやるということ、これ以上の修行はありません。

神仏の修行は、毎日同じことを繰り返すことで、術が効くようになります。ですから、この修行は縁がなければできないことです。突然に現れた因が強力に縁と結びつき、離れなくなり、また、新しい質の変化した因子が生まれる。

このようなことは偶然のように思えますが、さにあらず、その裏には必然的な前の因子があるのです。

私の場合は神仏によって行者をやらされているとしか思えないことがたくさんあります。私は、毎月三回、二十年間、護摩《ごま》を焚《た》いています。しかし、護摩を焚いている間にだれ一人信者さんが来なかったことが数多くあります。

私も人間ですから「こんなことでは食っていけない。もうゴメンだ、もうよそう」と思ったことは何遍もありました。しかし、それができなかったのです。

苦難を越え、救いの極意を知る

私の人生には大変な出来事がありました。それは、今から二十四年前のことです。これは、私の恥のお話です。誰でも自らの恥を人に語ることは自分のプライドを傷つけるので嫌がって人には話さないものです。

私の場合はあえてそれをお話しいたしましょう。それは私が、苦しみは大きいほど救いが大きい、ということを身をもって知らされたからです。たとえ現実がどんなに汚れていても、その汚れた現実から逃げてはいけない。この世のどこにでも御仏《みほとけ》の光が届いているのだから。もちろん汚れた部分にも御仏の光は届いています。

その恥をさらすということは、私の妻のお話です。妻はスナックを経営していました。妻が働きに出るという状況は、そのときの私の収入が少なかったからでしょうし、また本人の性格もあったと思われます。

妻の毎日は酒と歌で塗りつぶされ、まるで現実から逃避しているようでした。そのうちに妻は妻子ある男が好きになり不倫の道に入り込んでしまったのです。そのとき、長男が大学受験で長女が高校の二年生のときでした。長い人生のうちにはこんなに苦しい地獄のようなときもあるものです。

ついに妻は家を出て行ったのですが、あのときに私が「お母さんはこういうことになっているんだよ」と、息子に話してしまったら、息子はどうなっていたでしょう。たぶん、高等学校も中退し、家中がガタガタになって、地獄に入ってしまったと思います。

あのときの私は、本当に悲惨でした。商売はうまくいかないし、妻は男と逃げてしまう、それなのになんとか子どもには気づかれずに、受験勉強のめんどうを見なくてはいけなかったのです。

辛くても言いたいことも言えないし、大変苦しい時期でした。しかし、それも修行といえば修行です。

そして、私はその修行で変わったのです。どのように変わったかというと、まず、普通の人間ですから「死にたい」と思うわけです。自殺をして死んでしまおうとも考えました。また、忘れようとして酒も飲むわけです。しかし、酒を飲んでも醒めます。女に走ったら、出ていった妻と同じになってしまいます。

あとは「相手を殺して自分も死ぬか」と、そこまで思いつめました。ところが、そこでハッと子どもたちのことを考え出すのです。こういう逆境の中で、自分がおかしなことになったら子どもの命まで取ってしまうことになる、と。親が人殺しだったら子どもたちの将来がめちゃくちゃになってしまうということを考え出すのです。

そして、そこまで落ちて、苦しみのどん底まで行ったときに、一条の光がサーッと降りてくるのです。それが救いの道なのです。

ある晩、天上から一条の光が射してきて、私の心中の仏心と結合したのです。「あれこれと人間の知恵で考えることは愚かなことだ、仏の光の中に没入せよ。仏は汝に仏の知恵を授けようぞ」と、聞こえたような気がしたのです。

そして、これが救いの極意でした。その極意とは、口《く》行から始めて、意《い》行、身《しん》行です。口行とは口で真言を唱えること。意行とは、心で仏のみを考えるようにする。身行とは体のことで、できるだけ多くの時間を合唱し、体を整えることです。

辛い、苦しいと思ったらすぐその場で「南無《なむ》大師《たいし》遍照《へんじょう》金剛《こんごう》」と何遍でも唱え、次に「南無観音菩薩」と何遍でも唱え、また「南無阿弥陀仏」と何遍でも唱えます。このことで不思議と苦しみから抜け出すことができます。

何日も繰り返して唱えているうちに入我我入、仏が私の中に入り、私が仏の中に入って仏の水と火と私の水と火が結合して、密厳浄土の現実となり、仏の知恵を授かり、見るもの、聞くものがみんな美しく輝いて見えました。こうして私は仏の知恵を授かり、考え方が変わったのです。

また、子どもに対する見方にも大きな変化がありました。これは、お釈迦様の法句経に出てくるお話ですが、二人の兄弟が人さらいにさらわれて、島に送られるのです。そこで、売る口を探す間はその島に置いておくので二人は島に置き去りにされるのです。そのときに弟のソウリが「こんなに苦しい思いをするなら死んでしまおうじゃないか」と言うと、兄貴が、「こういう苦しい思いをしているのは自分ばかりではないんだ、ほかにもたくさんいるんだ。どうせ死ぬのならそういう人のためになるようなことで死んでいこうじゃないか」と言って、二人は死ぬのを思いとどまるのです。その二人が観音菩薩、勢至菩薩になって世の中を救ったという話が法句経に出ています。

私もそれを読んでいました。そうなると今度は頭の中にどういう回転が起きるかというと「子どもは、自分の子どもではないんだ」と考えるようになるのです。観世音菩薩から、勢至菩薩から預かっているのだと。すると、今度は子どもを拝むようになるのです。その気持ちになれたときに、苦しみを乗り越える術を仏様は教えてくれるのです。

どういうことかというと、先ほどお話ししたように、苦しくなったら拝む、名号を唱えるということです。「南無大師……」と。「苦しい」と思ったときに唱える、どこでも唱える、道を歩いているときでも唱えるのです。苦しくない人は唱えないものですが、そういう苦しい状態になった人はものすごく唱えます。苦しくてしょうがないから四六時中唱えます。

そして、唱えるとパッと楽になるのです。そして、物の見方が変わるのです。それこそ一変するのです。極楽のようになって「自分は幸福だな」と思うのです。喜びを感じる。すると、地獄から極楽へスポッと跳ね上がってしまうのです。

ところがまた、現実の苦しみに囚われて、また地獄へ堕ちてしまう。すると、また「俺は苦しいな」と思うからまた唱えるのですよ。行ったり来たり、行ったり来たり……。そのうちに本当に自分が喜びの中にいる（極楽浄土）ということが分かってきます。

誰にもできないことを観世音菩薩、勢至菩薩から命令されてやっているのだという喜びが満ちてくるのです。そうなると今度はやることが変わってくるのです。

そんな私を今度は子どもが見るわけです。そして子どもも励むようになるのです。そして、今度は子どもも懸命に生きるようになりますから、自ずと成績も良くなるし、自分で生きようとするわけです。

不幸というのは本当に辛いものですが、その苦しいときこそ一番、仏様に近い状態に入っている状態なのです。そして、それが習慣になって離れなくなるのです。私にとって、その不幸な状況は非常にありがたい状況でもあったわけです。その出来事で、私自身が変わったということです。そうすると、経文にあるように人相が全部変わるのです。

生きたお経が教える、生きた宗教というのはそういうものです。とにかく物質だけを考えて欲をかいたら地球上の物が全部あったって満足はできません。だから、食べる物は「ありがたい」と思って食べればおいしいし、病気も無くなってしまいます。

子どもも変えた仏様の功徳

もう少しお話しするなら妻が出ていったのは、息子は高校三年生で東京大学受験を目指していたときです。それもやはり「行」で引っ張って行くのだと感じました。息子は高等学校に入ったときの成績は中以下だったのですが、私が「行」をはじめてからというもの成績がドーンとあがり、塾など行かずに現役で東京大学に入学できたのです。

妻が男と家を出ていったことは子どもたちにはしばらく話すことはしませんでした。息子には「お母さんは今仕事が忙しくて帰ってこられない」と言って騙していたのです。子どもたちが母親の事情を知ったのは、息子が大学に入ってからのことです。

そのときは「こういうわけだ」と話しました。受験のときは、それを悟られないようにその苦しみを私一人で全部受けたのです。

その苦しみは、私自身が変わるために天から与えられている苦しみだったのだと思います。仏様の仕組みです。このようなこともすべて経文に出ており、観音経に観世音菩薩が人非人《にんぴにん》になって人を救ったというのが出ています。

息子が大学に入ってから、はっきりと話をしました「お母さんは、ほかに男ができて家から出てしまった」と。相手の男性も妻子のある人でしたから、W不倫でした。それをハッキリと息子に伝えたときから子どもが変わったのです。

子どもながらに父親がその苦しみに耐えたということが分かるわけです。すると、子どもがどういうことをやるかというと、親の背中を見て自分が努力をするのです。ものすごく努力するのです。勉強をがんばったり、いろんなことを。

　今、息子は企業の研究所で働いています。アメリカをはじめ、世界中の研究者の会議に年に一度くらい出張しているようです。

　その下の娘もやはり、現実を受け止め苦労して、高校の教師になっています。お陰様で子どもたちは守られています。仏様は見ているのですから、恨みに思ってはいけないのです。人間は恨みを持つものです。その心の切り替えをどうやったらできるかということを経文から教わるのです。

　そのために生きた経文の読み方をするのです。観世音菩薩が人非人になって人を救ったという経文があります。私の場合なら、その人非人になって私に「行」をさせたのは誰かというと、妻がさせたのです。ですから、妻に対して恨みはありません。この経験をとおして私には「耐える」という力がついたのです。このように「力」を与えてくれる、それが宗教の生きた仕事なのです。

　経文には「忍辱《にんにく》の鎧を着て……」と書いてありますが、経文を現実に生かしていくことが「行」です。我慢ができないと修行はできないものです。ただ、我慢させて押さえ込んでいるのではなく、包み込んでやるのが仏様の教えです。

苦しいばかりでは、その溜まった感情が吹き出して、おかしなことをしてしまうということがあります。その苦しいことや我慢していることをきれいに、仏様に持っていってもらうのです。それは、知識ではできないのです。それができるようになるのが「行」です。

命を救う仏の力

江本勝先生の『水からの伝言』（波動教育社）を読んだ人から不思議な現象はなぜ起こるのかという質問を受けることがあります。不思議な現象を起こしているのは、私の力ではなく私を通して仏の力が出ているということです。勘違いする人がいますが、それはハッキリ言います。「私には力はありませんよ」と。

私に力はありませんが「行」をしていると、あのようなことが起こります。しかし、私も命がけです。「あなたたちを加持していると、私はあなたたちから霊障を受ける」ということです。私は、受けるのを承知でやっているのです。では、受けたものをどうするかというと、仏様に持っていってもらうのです。仏様を呼ぶと、それが出るのです。

そうすることによって私のところに来た悪いものが残らないということです。そのかわり受けた悪いものが体に入ったときは、仏様に体の中に入って戴くのです。すると、仏様が私の体の中に入ったものを受け取ってくれ、私に仏様の力が宿ります。その力を悪いものが憑いた人に出す、つまり、仏様が出ていくということです。簡単に言えば、入れ替えているのです。私が悪いものを受けて仏様の方に回し、仏様の力が入ってくると、それを今度は悪いものを出した人に入れる。このようなことを変毒為薬《へんどくいやく》と言います。

仏様の力を借りなければ、私の体が続かないということです。自分にはすごい力があると思い込んで、このことを知らないとどうなるかと言えば、相談者の悪想念を一身に受けて、死んでしまいます。

ですから行者というのは、人を一時間拝んだら、二時間「行」をしなくてはいけないのです。そうしないと受けて、自分が悪くなるわけです。これは命がけのことなのです。ですから、二十万円、三十万円とお金を戴くのは当たり前なのです。

ところが、でたらめな行者になると何にもしないくせに百万円、二百万円という高額な金額を取ってしまうのです。そんなことをすると、悪い因縁を作ります。そういうことを知らない人がやっているわけですが、恐ろしいことです。しかもそれで、自分ではなく、一族郎党、孫から、子孫までみんな不幸になってしまうのです。

第二章

相談

「運命」は決まっているのでしょうか

基本的な質問ですが「運命」は決まっているのですか？

決まっています。決まっているということは、選ぶことはできなくて、与えられたということです。

霊障にあって苦しんでいる人がいるとすると、それも運命ですか？　そのあとに「行」をして、そういう因縁から逃れられる人と、因縁につきまとわれている人がいますが、これは結果が違います。これも運命ですか？

また、運命を変えることはできるのですか？　ベースは決まっているけれど、世の中では幸せな人より不幸な人の方が多いですよね。すると、不幸になるという運命が決まっているのでしょうか？

そうです。現実問題として、不幸になるという運命が決まっていて、その中で幸せな人がいるということですよね。幸せになる人がいるということは、前世によって幸せになっているということです。現世では、前世が必ず関係して来るのです。

過去で徳を積んでいる人が現世で幸せになるということですか？

そうです。過去世で徳を積んでいないと、冥土に入って進む道が分からなくなり、不幸へとドンドン落ちて行くのです。迷路に入って分からなくなっても、前世で徳を積んでいると、ハッと気がついて正しい道に戻って、精進することができるのです。

ですから、千日回峰行《せんにちかいほうぎょう》というのがありますが、あれはお寺のせがれがやると思われがちですが、まったく違います。

例えば、家人が病気になったり、貧乏で食べられなくなったり、子どもが病気になったりしたときに、それでも何とか生きて「もう死んでしまう」と思ったときにポッと仏様のひらめきが入り、「これしかない」と思って死ぬ気でやる、というものです。

千日回峰行とは、千日間飲まず、食わず、寝ないで山の中をずっと歩くというものですね。

そうです。そのときにひらめきが出るのです。それが縁なのです。前世で繋がっているということです。普通ならそんなひらめきは出ないで地獄に行ってしまいます。ところが、そのひらめきが出たことで、いっぺんに仏への光が通るようなもので、パーッと仏に近づいていって、如来の額に入り生まれ変わることができるのです。千日回峰というのはそういうことです。

そのような状況はめったにないわけですね。それはギリギリの死ぬか生きるかの境地に入った人が遭うものですね。

ずいぶん途中で死んだ人もありますからとても危険です。しかし、死ぬなら死ぬでいいのです。それはそれで満足なのです。なぜなら、そういう中で死んでいくのも縁だからです。千日回峰というのは、お寺のせがれがやるものだと錯覚されますね。また、年を取っている人が多いですから。

でも体力があった方がやりやすいんじゃないですか？

いいえ、そういうことはありません。悲惨な境地になって、どうにもならなくなって、死ぬ一歩手前になってパッとひらめいて、一条の光が天から降りてきて、「こうすれば……」ということですから、老若を問わず、死ぬ気で行をするということですよね。

ある意味、この世の欲を捨ててしまうということですね。全部を捨ててしまうのですか？

全部を捨てるのです。楽をしたいとか、旨い物を食いたいとか、この世の煩悩がくっついていたらできません。ほとんど家族もなくなってしまうのですから。もちろんはじめは家族があって普通の生活をしているわけです。それが、家人が死んだり不幸な目にあって、どうにもならなくなったときその「行」に入るのです。

そういう人がやるのですか？

だから年を取ってしまうのです。ですから、途中で死んでしまう場合もあるのです。でも、死んでも本望なのですよ。本人は死ぬ気でやっているから、そこに仏が入るわけです。

その結果として、何になるという目的はないわけですか？

無いです。その結果として生きていたら、今度は、体に入った仏を出してやって、人を助けてやるということです。それしかないのです。

では、そう何人もいないのですね。

何人もいません。それが、仏に近いというか、人間離れしていてほとんど仏なのです。ですから、ものすごく力があるのです。

あるお寺では「人を拝んではいけない、人を拝むと自分に憑くから人を拝んではいけない」と言う。これでは何のためにお寺に修行に行ったか分からないでしょう？

私が行に行ったときは、「三人は拝んでも良い」と言われました。「でも三人以上は拝んではいけない」と言われたのです。僧侶がちゃんと「行」ができていないからです。

私は今、十人くらいをいっぺんに拝んでいます。ところが、ある行者さんは「今は絶対に拝んじゃいけない」と言われます。これでは何のために「行」をしたのか分かりません。ところが、千日回峰で山から下りたとき、道路に人がザーッと並んでいます。その人たちの因縁を全部切って行くのだから、普通だったら全部受けて死んでしまいます。ところが千日回峰をするとすごい力が出るのです。何百人だって切れるのです。これは、仏と直結だからできることです。

ですから、座主がちゃんと頭を下げてお迎えします。座主《ざす》より上に行くのですよ。

座主というのは本山の一番偉い人、最高の人ですよね？

そうです。その人が頭を下げるのです。ということは、仏様と同格なのです。それが本当の大阿闍梨《あじゃり》です。ですから、天台の大阿闍梨というのはそういうものです。大変に素晴らしいです。

二回の祈祷で咽頭ガンが消えた

相談で一番多いのはどのような内容でしょうか？

病気ですね。霊障による病気ですね。

病気は、ガンなどの相談が多いのでしょうか？

ガンの場合は取れるときはいっぺんに取れます。あとは、精神病が多いですね。この精神の病を治すには医者と両方で治すことが大切なのです。医者の協力も大変重要なのです。

状態はどのくらいですか？

ガンの場合ですが、かなり重くても取れます。

ガンの本体自体に霊的なものが関係しているのですか？

それは、遺伝子的なものもあったりします。ですから霊的なものばかりとはいえません。とは言っても、遺伝子もその悪い遺伝子を受け継ぐということは、先祖でなにかあるから受け継ぐのです。ですから、霊的な要素の深いものと浅いものがあるのです。浅いものならすぐ取れます。

ただし、深い霊的な要因は先祖がやってきたことでそういう遺伝子をもっています。この場合は、そのままでは取れません。ですから、なんでも拝んで取れるというのは嘘ですね。ただ、確かに拝んで治った場合はあるのです。

その場合は、因縁が比較的浅い場合ですか?

そうです。本人に近いところのご先祖の場合が多いですが、ケースバイケースです。何年か前のお話ですが、四十代の女性が咽頭ガンでご相談に見えたことがありました。ガンはまず胸にできて、それから上の方に転移したようです。

拝んだらそのガンが取れたのです。でも、本人は取れたとは思っていないのです。かなり進んでいましたからね。彼女は、埼玉県大宮市の日赤病院にかかっていて検査でレントゲンを撮ったら、ガンだと言われていたそうです。

では、本人は告知を受けていたわけですか?

もちろん受けていました。私のところで祈祷を受けた後、彼女は「大阪で漢方薬を使って治すところがあるからそこに行く」と言い始めたのです。どうしてもそこへ行くと言って、家族の話をきかなかったらしいのです。そこで、家族、親戚の人が、「とにかくもう一度、今度は聖路加のガンセンターで精密検査を受けてそれから行け」と勧めたのです。それで、本人もその気になって聖路加病院で精密検査を受けたのです。そうしたらガンが綺麗に消えているのです。聖路加のガンセンターはガンの専門ですから、大宮の日赤が誤診だということになってしまったらしいのですが、大宮の日赤で検査を受けたときは確かにガンはあったと思います。

そのとき、密教波動水は飲まれたのですか？

そのとき、密教波動水は飲んでいません。二回ほど祈祷しただけです。

本人は何か供養をやらないのですか？

そのときは何もやりませんでした。

乳ガンで苦しむ女性が「観音経」で楽になった

別な話では、やはり埼玉県の蕨市の三十五歳くらいの女性が相談に見えたことがあります。その女性は乳ガンでした。それで、彼女の家まで行って祈祷したのです。病院の告知では、とにかく早く手術しないとまずいから一か月以内に手術をしようという話でした。そのときに頼まれて家まで行って祈祷したのです。

私の祈祷が始まると彼女が苦しみだしたのです。すると、私を彼女に紹介した人が後ろに下がりだしたのです。

紹介したその人は、霊が出るときは誰かにとり憑くことがあるという知識を持っていたのでしょう、憑かれたらたまらないですからね。

苦しみだした彼女は、祈祷を続けていると段々と楽な顔になったのです。後で彼女から話を聞くと「初め降臨してお経が始まったときは苦しかったが、次のお経を読み始めたら楽になったんだ」と言うのです。「そのお経はこれです」と指示したお経を見ると、それは観音経でした。観音経をあげたら楽になったというのです。

その女性には小さな子どもが二人おりましたから、この子たちを何とかして助けてやろうと思い拝んだのです。そして、祈祷が済んでひょっと仏壇の中を見たら本尊がないのです。そこで「ご本尊を入れてあげましょう」と言って、二、三日のうちに本尊を入れて拝んであげました。今まで何もやっていなかったわけですよね。

ご先祖の位牌だけ入っているのですか？

はい。それで後日、本尊を買って持っていったのです。電話で連絡を取って持って行くと、駅まで迎えに来られたそこのご主人が「大変なことになった」と言うのです。ご主人の話では、入院の日取りを決めに病院に行ったら、ガンが綺麗に無くなって跡形もなく取れているというのです。それっきりその人は治りました。そのときは一時間ほど、一回きりの祈祷でした。

胃ガンも一回の祈祷で消えた

今から六、七年前ですが、胃ガンの方が見えました。その方は藤原湖のダムの浄化に一緒に行った人ですが、初めに奥さんが来てひどい霊障で苦しんでいるというのです。奥さんを拝んでいるうちに、本人が来るようになったのですが、胃ガンになっているのです。そのときも一か月以内に入院しないと手遅れになると病院から言われ、入院することになっていたのです。

それで、祈祷したのですが、これも一回で治りました。霊視をすると、胸の左に黒い固まりがあるのです。それが拝んでいくと綺麗に取れていくのです。ほんとに短い時間でした。それで「これ、取れているよ」と言っても本人は信じなかったのです。

そこで、手術前の再検査を受けに病院に行くと、やはり綺麗に取れているのです。医者もビックリして、二十年も医者をやっている院長が「二十年も医者をやっているけどこんなことは初めてだ。どうかしてしまったんだ」と不思議がったというのです。医者は機械が壊れているんじゃないかといろいろ調べたりしたそうですが、機械の異常も、もちろんありませんでした。彼はそれっきりなんともないですね。

治療には、光を降ろして陰影を切る

簡単にどのように祈祷治療するかをご説明しておきましょう。私は祈祷治療に「光」を使います。光を呼んで、その人の体に光を降ろして来るのです。それで、降りないところは悪いところなのです。そこを拝んで、どけてやるとスーッと光が入るようになって、治っていくのです。要するに、どこか光が通らない陰があるということはそれが悪いところ、ということです。

その光は、濃い光ではなく、頭の中から出る光です。目をつぶっていて出る光。光を写真に撮ってありますが、ポーッとした赤い光なのです。その光を通して見るのです。

お稲荷さんの怒りに取り憑かれたお祖母さん

憑依されやすい人とは、若い女性が多いのでしょうか？

いいえ、そんなことはありません。何かをやった場合は、弱い人や憑きやすい人に憑くのです。女の人が多いというのは、客観的に物事を捉えたり、判断するということより、感情的というか感性でものを見る傾向があるからでしょう。その点で女の人は迷いやすいのです。

具体的にはどういうことでしょう？

初老のお祖母さんのお話です。元気はいいのですが、夜中になると外に飛び出して一晩中あちこち徘徊して歩き、気が狂ったようになってしまうと言うのです。見かねた家族が、祈祷で何とか治らないかと、私のもとを訪ねてきました。

そこで、そのお祖母さんに会いに行ってビックリしました。まるで人相と言うか、形相が変わっているのです。顔つきがきつく、目の色が変わっているのです。目がつり上がり、目つきが鋭いのです。完全に取り憑かれている感じでした。

ふと、お祖母さんの両手を見ると、アザがあるのです。それは後で分かったのですが、夜中の徘徊を押さえるために家族によって縛られていたのです。

しかし、そのお祖母さんは夜中になるともの凄い力が出るらしいのです。家族中がかかっても押さえられない。だから、やむなくおかしくなるとすぐ縛っていたのです。

私が拝んでいると、やはり睨んでいるのです。すると、そのうちにお祖母さんの中からお稲荷様がでてきて「なんで、鳥居を取ったんだ」と言うんです。どうやらその家には以前、鳥居があってお稲荷さんを祭ってあったようです。どうやらそれは、この家の先祖が祭ったようです。

私が家族にお稲荷様はこういうふうに言っているというと、家族の者が「いや、一か月前にブロック塀をつくるので、邪魔だから壊した」と言うのです。

それでお稲荷さんが怒ってお祖母さんに憑いてしまったのですね。私がその壊した人に変わって、お稲荷さんに謝ったら、お祖母さんはその場でピタッと治ったのです。

それからは元の元気なお祖母さんに戻りました。もともと体は丈夫でしたから家事もちゃんとできるようになりました。

稲荷の鳥居に込められた先祖の思い

お祖母さんに憑いたお稲荷様は、大したことはありませんでしたが、もっとひどい霊障がありました。

先代が祭ったものだから別に鳥居なんかあってもなくても関係ないと思っている人も多いでしょうから、先に逝く人もちゃんと伝えなきゃいけないのです。「おまえ頼むぞ、大事にしろよ」と。

だいたい分かるでしょう、自分のせがれには信仰心があるかないかというのは。ですから、息子に信仰心がないと思ったらその人の代で山に返しておくのです。返しても不思議になにかことが起こったときは白狐が来てくれます。一回ちゃんと祭っておけば、返していても何かがあれば手伝ってくれます。本来、稲荷さんというのは、それだけ大したものなのです。

お稲荷さんをきちんと返していると、具体的にはどのような形でお手伝いをしてくれるのですか？

私がある家で祈祷をしていると、白狐が来るのです。この家は、お稲荷さんをちゃんと返しているから鳥居がなくても商売のことを手伝ってくれているようでした。それは、ある一定期間ですが、商売の取引があるときなどに手伝ってくれて、パッと契約がまとまります。そうすると帰るのです。

その家の祖先は初め小さい商売をやっていて、何とか大きくしたいと思ってお稲荷さんを祭って信仰したのです。商売も繁盛して大きくなったので丁重にお礼をして、山に返したのです。そうしたらそのあとも守ってくれているのです。そういうことがあります。

反対に返していない場合は、憑依されるということもあるのですか？

ありますね。知らないでひどい目にあった人もあります。それは、たまたま社《やしろ》を取ってしまったことから始まるのですが、取る人はただの木だと思っていてそこまで考えていなかったのです。きっと稲荷神そのものが分からなかったのでしょう。

ある人が青果市場の古い土地を買ったらそこにお稲荷さんが祭ってあったそうです。もともと青果市場ですから、商売繁盛と植物に関係があるということでお稲荷様を祭ったのでしょう。その跡地ですからお稲荷さんがあったのです。その土地を買った人はお稲荷様をどこに返していいのか分からなくて、神社に納めてしまったのです。

しかし、系統が違いますから神社に返してもダメなのです。祭っている神様が違いますからね。ですから、お稲荷様を返すなら例えば、伏見の稲荷、笠間の稲荷などの迎えた御《み》霊《たま》を返せば繋がりはあります。ところが、普通の神社に返してしまったから、そこの土の下に入ってしまっていたのです。しかし、土地を買った人は土の下に入っていることを知らないからそのすぐ前に便所を作ってしまったのです。

そうしたら、お稲荷様が怒って、その本人が病気になったり、その土地に関係した人に事故が起きたりするのですよね。

そこで金融関係の人が行者を紹介したのですが、その行者が気功師だったのです。気功師と行者は、まったく違います。気功師ではお祓いができるわけもないので、その気功師が私のもとに相談に来ました。

「そこへ行って拝んでくれ」と言うので行って祈祷しました。そのときにお稲荷様がここにあったこと、そしてそのお稲荷様を神社に返してしまったことを聞いて「これはまずいな、土地の下に入っているな」と思って拝んだのです。

神道式で拝んだのですが、拝んでいるうちになんか騒がしい。誰かが何かを一生懸命訴えているんです。それで、拝み終わって周りを見ると、気功師が倒れているのです。何も食べていない口から変なものを吐きだして倒れているのです。

私が観音様を呼んで気功師を祓ってやると気がついたのですが、そのあと三日くらい口から狐の毛が出ているのです。狐は「ここを守っているのに何で返すんだ」と文句を言ったらしいんです。

気功師も災難でしたが、祈祷をするその日は、頼んだ人も当院に来る途中、車をガードレールにぶつける事故を起こしているのです。到着したときは頭に裂傷を負っていましたが、何とかここまで来て、祈祷した後で医者に行って七針ぬったそうです。

そういうことがあって、その土地も段々変わってきました。お稲荷様も山に返しました。

そのあとは調子がよくなっています。

浮気相手と縁を切ってくれる護符

病気や家庭不和の相談のほかはどういった相談が多いのでしょう？

あとは学業、商売などですが、男女関係の相談も来ます。しかし、これはなかなか大変です。具体的には不倫が多いです。相談者はだいたい女性ですね、ご主人の浮気の相談です。

そういう場合はどうするのですか？

浮気している女性との縁が切れるように護符をご主人に分からないように持たせたりするのです。しかし、そうなってしまった夫婦は元に戻るのはなかなか難しいです。

それは、元々一緒に添い遂げる運命ではなくて一緒になっている場合というのもありますから。それと、やはり、魔が差すのでしょう。魔が差すということは、浮気するような種があるのです。

奥さんとの関係が良ければ家に帰りたくなりますし、外に女を作らないですよね。ですから、奥さん自身もご主人をせめるだけではなく、自分には何も原因がないのだろうか、と問うてみることです。

私は、相談者には浮気相手と別れられるように祈祷してあげて、護符を渡しています。もちろん護符は浮気をしている本人に持たせなければいけませんよ。あとは水です。水を分からないように飲ませると良いです。

しかし、今は世の中が狂ってしまって、恨みつらみが多いです。相談に来る奥さんもひどくご主人や相手の女性を恨んでいる場合があります。そうするとやはりご主人や相手の女性は悪い結果になってしまいます。

今はすべてが奪い合いになってしまっています。だから、相手の立場や心情を察しようなどとは思わないのです。ですから、そういった人のご相談は、浮気相手と別れさせてもまたそういうことが起こってしまいます。

また同じことを繰り返してしまうというのは、何か原因を持っているのですか？

やはり「行」をしないとダメなのです。本人、その人間を変えて転生しないと根本的な解決にはならない、ということです。

奥さんが自分のことも省みて、もっとご主人に優しくしたり、家庭の中のことをきちんとすれば帰って来る場合もありますが、基本は本人が変わって帰ってくるようになればその家庭に同じことは繰り返しません。

このようなことは男も女も両方に言えることなのです。奥さんがひどい場合もあります。ですから、ものの考え方を変えるということです。ものの考え方を変えるということは運命を変えるということなのです。

具体的にはどういう風に変えるのですか？

感謝をするということです。お互いに感謝がなかったらダメでしょうね。ところが多くの人は逆です。自分は何も相手に与えていないのに「もっと、もっとしてちょうだい」と、要求ばかりするからダメなのです。お互いに与えて感謝があればそんなことは起こりません。今は残念ですが、いたわり合うということが希薄になってしまいました。

超能力を持つ小学生

脳に軽い障害を持っている女の子がいました。それで、親御さんも心配してある程度の大学までは入れるようにと、小学校から私立学校に入れたわけです。しかし、私立に入れたら勉強が一番ビリッカスなのです。学校の方でも困っているらしいのです。その子を卒業させると学校の名前にかかわるというのでね。

それで、私のところに毎月、毎月、相談に来られました。その子が小学校一年か二年のときです。その子は目の色が変わっていましたから、どうかしていたのでしょうね。また、その子どもは不思議なことを言い出す子で、私が護摩を焚いているときは御幣《ごへい》が四隅につってありますが、「あそこに子どもがボンボンボンボン飛び歩いて遊んでいる」と、そういうことを言い出すのです。

その女の子には霊能力があったということですか？

はい。間違いではなくて彼女は霊視で御幣の上の子どもを見ていたのです。その子にはそういう能力が強かったから普通の勉強がちょっと劣っていたのでしょう。おかしなもので、そういう能力がうんと強い人は、常識的なものが劣っているというか、どこかおかしいところがあるのです。

学校で、試験があるときでも一点差で進級していくのです。ということは、教えるのだと言うのです。分からないところがあると、頭の中で聞こえるらしいのです「○を書け、×を書け」と。そのとおりに書くと点数がすれすれで進級できるのです。

そんな感じで彼女は小学校から中学校へ行きました。しかし、中学校のときも成績が悪くて問題になって退学の話が出たのです。しかし、テストをすると、最低だけど落とすほど悪くないのです。だから、学校側も落とそうと思っても落とせなかったのです。例えば、五〇点が合格ラインだとすると、四十九点が五〇点になるように教えてくれるのです。先生から呼ばれ、「次のテストで五〇点を取らないと落第だから」と線を引かれるとギリギリでそこへ到達してしまうのです。普段の学力は低いのですがテストでは必ずセーフのところに行くのです。

彼女が言うには、誰か喋るらしいのです。「ここを○にしろ」とか「ここを×にしろ」とか。どうやら、子どもが言うらしいのです。何々ちゃんという子どもの名前まで言っていました。「何ちゃんが教えるんだ」と。

彼女は、中学校に行っても高校へ行っても、そのたびに騒ぎを起こすらしいのです。そのたびに学校は「辞めろ、辞めろ」というのですが、やはり、合格点まで入ってしまうからしょうがないです。それで、とうとう短大まで行ってしまったのです。


そのお子さんはそれからどうなったのですか?


あるとき、写真を持ってきたのです。写真の下にスーッと細い糸みたいなものが出て来るのですよね。それは、現実には出ていないのですが写真を撮ったら光の糸みたいなものが写っている。その子が頼むらしいのです。そして、霊視でいろいろなことを当てるようになったと言うのです。

お母さんがいろんな人から頼まれるそうです。その子に「何々をしてくれ」と言うとそのとおりになるというのです。例えば、車が売れなくて会社を辞めさせられる寸前になったという相談者が来て「何とかしてくれ」と頼んだら、すぐに三台いっぺんに売れたと言うのです。その子にそういう能力が出てしまったのですね。

その親子は学校を卒業させたくて十年以上、相談に来て一生懸命拝んでいたわけですが、短大を卒業したから「もう、いい」と言って拝まなくなったのです。

彼女の能力はどうしたんですか？

能力はもう無いでしょうね。潜在的な能力がある人がやっていると身に付くものですが、拝んでいなければ身に付かないらしいのです。

霊能力は自分のものではない

たとえ能力があっても、その能力は自分個人のものだと思ってはいけません。自分を通して、仏様の力がこの世に現れるということなのです。ところが、みんな途中で勘違いをします。これは自分が凄いんだと。そして、それを口に出して宣言してしまうのです。
ですから、私のところにも信者さんが来て「凄い、凄い」と言いますが、私はハッキリ言うのです。「行者は、ただ仏様に頼んで取り次いでいるだけなんです。頼んで取り次いでいるだけで、力は全部如来菩薩が持っていて、それをただお願いしているだけで、行者にはなんの力もありません」と。
仏様は力を貸してくれるのです。ところが、自分の力でやったのだと思ったらダメです。もうそのときは術が効かなくなってしまいます。あくまで自分は仏様との取次役なのだと自覚しなければいけません。

その場合は、自分がある程度「無」になっていないと、仏様の力は出しにくいのでしょうか？

そうですね。凄い力を持っているからって「先生、先生」と呼ばれ、お礼金をハンパではなく取ってしまい、そのうちに自分が偉くなったような錯覚をおこしてしまうのです。ところが、そんなことをしていては仏様の力は、長くは出せません。

そのうち力がなくなってくるけれど、なくなったとは言えないからいい加減なことを言ってごまかすのです。あとは立派な伽藍ができてしまえば、ここは凄いと認められてしまいますからね。

要するに多くの人たちは、見た目で惑わされてしまうのですが、逆です。お寺も立派であればあるほど、結局信者さんにたくさん寄進させているということですからね。

今のお寺の役割は、文化財の保護です。今のお寺は文化財を保護しているだけなんです。でも、それは本来のお役目とは違います。お寺の本来の仕事は、迷っている人を仏の道に導いてあげることです。

霊障を受けやすい人とは?

霊障を受けやすい人というのは、年齢層でいうとどのくらいですか?

いろいろですね。ですが、一番受けやすいのは女の人で若い人でしょう。十代の女の人などは受けやすいです。だいたい中学生から高校生くらいから二十歳ちょっと前くらいの女性が、不浄霊を拾ってくることが多いです。旅行などに行って地縛霊のところに行き、拾ってくるということですね。

その場所に行くと誰もが取り憑かれてしまうのですか？

誰もが憑かれてしまうというわけではありません。そこがちょっと難しいのですが、結局、バリアがある人は入り込まれません。

バリアというのは前世と、家系と、家の因縁が強く良い人です。その人は、生まれたときからバリアを持っているのです。強いオーラを持っているのです。

先祖霊に守られているということですか？

そうですね。先祖霊も、もちろんそうです。それとその人の過去世で積んだ徳、そういうものがバリアになるのです。

霊障で精神を侵された大工さん

ある大工さんの兄弟の話です。兄弟で大工さんをやっていたのですが、弟の方が精神的に狂ってきてしまうのです。それで、精神科に入院を繰り返していたのです。

年齢は、兄さんが三二、三歳で弟さんは二十七、八歳でした。弟の頭がおかしくなって「死にたい、死にたい。生きているのがいやだから死んでしまいたい」と言っていて、病院に入院するのですが、三か月くらい経つと治ってきて退院するのです。ところが、また一か月か二か月でまたその「死にたい……」が始まり病院に入院。それを繰り返していたのです。

あるとき、私のことを人づてに聞き、「なんとかならないでしょうか?」と訪ねてきたのです。そこへ行って拝んでみると、家中の水の神様、水神が怒っているのです。

何かやったのですね?

「何かやっただろ」と聞くと、井戸を埋めてしまったと言うのです。でもそれは、弟がやったのではなく、家族でやったのです。ただ、弟が憑きやすいから憑いたのでしょう。よくよく聞くと、もっとひどい。井戸をゴミで埋めたと言うのです。大工仕事で出るゴミを捨てるところがないから井戸に埋めたと言うのです。それは怒りますよ。

私は水神に謝罪して、お札をたてて拝んで水神に帰ってもらったのです。それから弟は、すっかり治りました。

すっかり良くなった弟に「何で死にたいって言ったんだ」と聞くと、「もの凄くガンガンガンガンと耳鳴りがするんです」と言うのです。それで、生きているのがいやになったというのです。その耳鳴りというのは、水神が訴えていたのが耳鳴りに聞こえたのでしょうね、波長が違うから弟はそれをキャッチすることができなかったのでしょう。

その後何年かして、弟は結婚し兄弟で大工をやっています。そこのおばあちゃんが良い人で、普通はプライベートな問題を話すのを嫌がりますが、困っている人には「助けてもらいなさい、本当なんだから」と言ってくれます。

このような形でそのおばあちゃんも人助けをやっているのです。ですから、そのあとこの家族には何も起こっていません。

悪なるものも力を持つ

悪い力を操る霊能者もいると聞きますが？

悪い物は悪い物なりの超能力を持っています。これが、善し悪しの見極めを困難にしているところです。野狐《やこ》の話ですが、野狐はすごい力を持っていて、それを使うと思いどおりに物事を動かせます。

野狐使いというのは金を取ることを目的としています。人々の信仰心などは利用する手段でしかないのです。ある人が、18金の小判を作って法外な値段で売っていました。わたしがそこへ行ってその魔を切って祓ったときに、その小判が全部曲がってしまったのです。

何か入っていたのですか？

野狐が小判に入っていたのです。小判の中の野狐を出したから、悔しくって泣いたのでしょうね。全部曲がっているのです。一軒の家を拝むと、それから次々と売られた家の小判が全部曲がっているのです。出て行ったときに全部曲げて出ていったのです。

それは宗教家ですか？

野狐使いというのは表向きは、自称宗教家または超能力者です。超能力者といっても、低級霊というのはすぐ使えるのです。しかし、上の霊は使えないのですね。低級霊を専門に使ってそういう詐欺のようなことをやっているのです。

結構多いのですか？

結構ありますね。そういう偽霊能者ほど金をうんと取るのです。確かに動物霊だって力はありますから、何か現象を起こします。ただ、利用した人は、最後は命を取られてしまいます。

動物霊でもそこらにいる犬や猫は力がありませんが、「憎い、悔しい……」という怨念を持っている動物霊というのは力を持っています。

ですから、偽霊能者はその霊を使うのです。高級霊というのは「行」を続けないと、動かないのですよね。「行」を続けていると、いろんなものが見えるのですよ。

霊が見えるのですか？

霊が見えて、因縁が見えるのです。ここでこういうことがあって、ここでこういうことがあったと。霊視は神様が降臨してやるのですよね。

身代わりになる数珠

私は相談者に数珠を渡しているのですが、こういうところでもハッキリします。因縁の強い人は数珠が切れるのです。何回も何回も切れます。

この数珠には観音様が入っていて、観音様が割れるのです。それは、身代わりになっているのです。

四十代の男性ですが、ノイローゼになって自殺した人がいるのです。通院しているときに精神安定剤の薬をためていたのですね。それをあるとき、いっぺんに飲んで自殺したのです。致死量まで飲んだのですが、そのときにこの数珠がバラバラに割れたというのです。

数珠が割れて助かったのですね？

そうです。物理的に言えば、それだけ飲めば死んでしまいます。それが身につけていた数珠が身代わりになって切れて助かったというのです。
また、最近になって数珠が頻繁に切れるということが九州で起こっているんです。九州の相談者からの手紙で、数珠が切れて困るというのです。相談者自身、因縁の強い人なのですが、その人本人ではなく、息子さんの数珠が切れたり、ほかの人の数珠が切れていて「どうしてなんだろう……」と聞かれたのです。だいたい感じていたんですね、なにか身代わりになっているということを。しかし、ハッキリしたことは言えないですね。

この数珠は、先生の気が入っているのですね？

そうです。その気で魔をよけて、切れるのです。例えば、お不動様のお守りを持っているとお守りの中に薄い板が入っていますが、その板が割れるといいますす。本当に割れるんですよね。板自体には何もないです、板は板です。板に気というか、不動明王の霊力が入っているのです。不動明王が入っていて不動明王が魔を祓うのです。そして、祓ったときに割れるのです。

こういう物は身代わりと考えれば良いのですか？

そうですね。また逆に、この数珠が「すごく光っている」という人もいます。それにまったく切れないですしね。どれも同じ念を入れるんですよ。なのにその人は「すごく光っている」というのです。ですから、受ける方が良いと数珠も光るんですね。

何で光るのかと聞かれましたが、毎日念を入れているからその念が届いて光るのだと答えました。

毎日、念を送っているのですか？

はい。それが不思議なことに何千本出しても何万本出しても、全部入るんですよ。差し上げるときに一回念を入れますが、毎日、毎日念が入っているのです。

だから、切れる人はしょっちゅう切れるのです。特に初めて持った人というのは、だいたい何か悩み事を持っていますから「切れた、切れた」と言うのです。そういうときは取り替えてあげますが、目で見るということも信じる上では必要なことですから、目で見せているんですよ。

呪詛の恐ろしさ

憑依も恐ろしいですが、呪詛《じゅそ》というのは呪いですからもの凄く恐ろしいです。これは、法力を持った人に頼んで呪詛してもらいます。呪詛の恐ろしさは、増幅してその人に返ってきますから頼む人はたぶん分かっていないのでしょう。

呪詛をかけられた人はどのようになったのでしょうか？

呪詛をかけた人はたしか日蓮宗の人だったと思います。相談者は農家の次男坊でした。その男性のお嫁さんのお母さんが、呪詛をかけるように頼んだのです。その人の土地の権利が欲しかったのでしょう。娘にも欲のためにひどい仕打ちをさせたわけです。男性の給料を取り上げておいて、一か月の小使いが五百円です。

子どもだってもっと貰っていますよ。

その土地が欲しくていろんなことをしたらしいのですが、とどのつまりは、男性の家族が別れ話を持っていったのです。すると、娘の母親が呪詛をかけたのです。かけられた人がどうなったかというと、首が曲がってしまったのです。

呪詛をかけられたのはその女性のご主人なのですか？

そうです。娘さんのお母さんが日蓮宗のお寺に行って行者に呪詛をかけさせたのです。それで、首が曲がって動かなくなり、私のところに連れてこられたのです。

どのようにして外したのですか？

初めは仏で外し、次に神道で外しました。私は両方やっていますから神棚も祭っています。密教と神道は、抵触はしないですからね。神道というのは密教も行じます。それを行じ、呪詛を外すと呪いはスパッと取れました。すると、相談者の首が元のようにちゃんとなったのです。

呪詛を頼んだ人はどうなったのですか？

それから何か月かしたら、そのおばあさんは病気になり入院してしまいました。呪詛が外れたということは、その呪いが依頼者に戻りますからね。もちろん呪詛が外れた人は元気になりましたよ。このように、呪詛というのは凄いものです。

素人でも藁人形を作り、恨みを込めると本当に恨んでいる相手に念が行ってしまうのでしょうか？

行きます。素人にもできますが、一人を呪いで殺してしまうと、自分一人の代ではなく、その子孫まで祟られると言います。だから呪詛というのは怖いのです。

死者を蘇らせる法力

呪詛と反対に死者を蘇らせる術もあると聞きますが？

死んだ人が生き返るということもあります。「古神道」の中に死者を蘇らせる方法というのがあります。

それは、瀕死の病人のような人を生き返らせるのですか？　それとも死んでしまった人を生き返らせるのですか？

完全に死んでしまった人も大丈夫です。完全に死んでしまった人も死後二時間ぐらいなら大丈夫です。完全に死んでしまった人が来たことはありませんが、医者がダメだと言った人や、もう幽体離脱して魂もあちらに行ってしまった人も来ましたね。

三途の川のほとりぐらいにいる感じですね。まだ渡っていないという状態ですか？

呼吸も止まっていたのかな。それでも戻すことができます。呼び戻してからその人の魂に聞くとおもしろいですよ。

しばらく生きているのですか？

その人は、半年くらい生きていました。その間にいろんなことを話してくれましたね。

葬式はどういうふうにやるとかね。

自分が死んだときの準備はできるわけですね？

蘇った人は、どこにいても生きている人の声が聞こえるらしいのですよ。自分が死んだときに誰がこう言った、誰がこう言ったと、生き返ってから喋るのですよ。死んだときに身内が相談していることを全部聞いているのです。幽体離脱して霊となって聞いているわけです。それが体に霊が戻ってきて、全部覚えていて肉体の体が喋るわけです。

それで、私が「どうして戻ってきたんだ」と聞くと、私が御大師様と一緒に迎えに来たから戻ってきたんだと言うんですよ。それが見えているそうです。私には分からなかったのですがね。

その人はその後、どうなったのですか？

半年で死んでしまいました。ガンではありませんでしたが、肺がダメになって、呼吸する力がなかったのですよね。酸素の呼吸器をつけていましたが、退院して半年くらいは普通の生活をしていましたよ。

それは、誰でもできるのですか？　つまり、死んでしまったどの人でもできるのですか？

そうです。特別な人ではありません。本来はその病人のいるところに行ってやると良いのですが、病院へは行けないのでここでやります。本当はここではなく、家なら家でやれば良いのですが、ここは神道と仏教と両方ありますからこの場所で行うのが良いようですね。また、行うときは、仏教はまず食べ物を精進して、夜中の二時から四時までの間にやるのです。

仏教は丑三つ時にですか？

そうです。仏教の中に山岳神道というのが入っていますが、それでやるととにかく長いんです。ところが神道の場合は、十種祓《とくさはらい》でやると十分ぐらいで効くのです。

そのための準備もいらないのですか？

準備もいりません。これで蘇るのですよ。

では、その人が仏教徒であろうと神道であろうと関係はないのですね？

関係ありません。私も本山から帰ってきたときは知らなかったのです。結局、御大師様が出て来るということは、神道から仏教の力で蘇ったのですよ。

御大師様自体が役《えん》の行者の元で「行」をしたわけですからね。山岳神道なのです、本当はね。ですから、どっちも同じなんです。

神道でも仏教の真言を使っていますよ。例えば、天照が大日如来だと言う人もいますからね。結局、今の神道は神社神道で、あれは明治以降にできたものですから歴史的には古くないのです。それまでは神道も仏教も一緒だったのです。

第三章
神仏とは

「行」を行い、「霊格」を上げる

宗教はある特定の修行をした僧侶だけの知識だと思われていますが、本来は広く一般の人こそが宗教をより理解し、「宗教と共に生きる」というスタンスを保たなければならないと考えています。

あなたが認めるにしろ認めないにしろ、霊障という現象は起こり得ます。ですから、そういうときにどのような心構えで対処し、そこから抜け出すために自分で「行」を取って霊格を上げておかなければならない、ということを知らなくてはなりません。

霊障が起こったとき、その人のオーラが強ければ受けなくてすみます。では、オーラを強めるということはどういうことでしょう。オーラを強めるということは自分で「行」を取るということです。「行」を取るというと、どこかのお寺に入って得度しなければダメだと思われがちですが、決してそうではありません。

もっと実質的なことで、日々の生活の中にその「行」はあるのです。オーラを強めるということと、霊格を上げるということは同じことで、霊格が上がればどこにいっても取り憑かれることはありません。

みなさんがお考えになる「お経を唱える」というのはその「行」のひとつです。しかし、「行」はみなさんの生活の中にあるのです。例えば、嘘はつかない、前向きに生きる、やるべきことをきちんとやる、というのが日々の「行」です。

例えば、主婦が家事をまったくやらないで朝から晩までお経を唱えているとオーラが強くなるかというと、それは本末転倒。日々の中で与えられた事物をきちんとやらなくてはいけないのです。そのことはお経の中にも教訓として「日々、精進しなさい」ということが全部入っています。

「精進」ということは、日々の自分のやるべきことをやりなさいということです。お経を唱えて、仕事をして、夫婦仲良くして、子どもを教育しなさい。それが精進です。

極端にお経さえあげていればいいかと言えば、それは違います。まわりがちゃんとしていないのに「いや、これさえやれば絶対に良くなるんだから」という考えは違います。しかし、このような傾向は多々あります。

大きな宗教団体の幹部の家庭がすべて円満かといえば、そうとは限らないのではないでしょうか。もしも、その家庭の夫婦仲もうまくいっていないのに、みなさんに「これを唱えれば、これをやれば幸せになれる」と教えるなら、その宗教の目指す目的が疑問になります。

では、本来の宗教はどこで教えてくれるのでしょう。それは、実体験の中です。いろいろな学びの場を与えられ「こういうものだ」ということを体験させられるのです。

そして、今までの体験をとおして、トコトン見極める力を養っていくのです。病気が治ったり、お金がよく回るようになったり、そういうものは本当の宗教ではないということです。それは「現世利益」です。それは、本当の宗教の目的ではありませんし、私は、みなさんにそのことを学んでいただきたいのです。

多くの宗教団体は、まだ見ぬ「結果」ばかりを強調します。「こうやれば金が儲かるよ」とか、「病気が治るよ」とか「人間関係がうまくいくよ」とか。しかし、それは結果であって目的ではありません。神仏が結果を見せるというのは「方便」なのです。人々を修行に導くための方便として見せるのです。

例えば、病気の人に「一か月拝みなさい、良くなりますよ」と言ったとします。良くならないのに言ったらそれは嘘です。ところが、拝んで、その場でパッと良くなる、体が軽くなる、そうすると「ああ、これがそうなんだ」と体で分かります。

その体験をさせて、「これを続ければ、これからはこういう目には遭わないよ」と言ってそれを続けさせるのです。そうするとその「行」がその人の身についてくるのです。身についてくるとどうなるかというと、「人間は死ぬんだ」ということが分かるのです。そして、「永遠の命が欲しい」とか、「死の恐怖」など、そういったことに囚われなくなるのです。

要するに、生活しているといろんなことが起こりますが、「その一つひとつにこだわるな」と、いうことです。なにがあってもとにかく「行」を続けて、「やっていたって変なことが起こるじゃないか」など、諦めたり、こだわったりしない。とにかく、一生続けるということです。

「行」を続けていくとどうなるかというと、人間が変わるのです。そして、変わったときは極楽浄土に入っているということです。日々の「行」は極楽浄土に行くためなのです。

考えてみてください。悲しいことに百億円、二百億円のお金を持っても、地獄に行ってしまうのです。だって死にきれないでしょ、お金があったら執着して。「執着するな」というのは無理です、お金がいっぱいあるのですから。どうしてもこの世に執着が残ります。すると、行けるところに行けないのです。

お金は貯めなくても、不自由しない程度あればいいのです。使いきれないお金が百億円、二百億円と銀行にあっても、実際の生活の中では、そんな額は使いません。月に何十万円かのお金が生活費としてあればいいわけです。

あとは争いの元になるだけです。無ければいいが、有るから争いの元になるのです。お金を必要以上に貯め込むというのは、お金がそこに集中するのですから、お金の無い人がよけい苦しむわけです。

ですから、ものの考え方を変えるというのが「仏の知恵」です。この仏の知恵をどうやってひとりでも多くの人々に植え付けていくかというのが、行者の知恵です。

「行」は命がけだから、神仏と繋がる

では、私が、どうやって「行」をしたかというお話をしましょう。私も生身の人間ですから、「苦しい、こんちくしょう」と思うことが何度かありました。そのときは、仏の名を呼ぶのです。そうすると気持ちが安らかになります。何回も何回も呼ぶのです。お経を読むような形で呼ぶのでなくてもいいのです。そんな想いが流れてきたら、その場ですぐに

やるのです。例えば、食事をしていても、便所に入っていても、道を歩いていても、心の中で仏様を呼ぶのです。できることなら言葉に出して呼ぶのもいいでしょう。

そのときに唱える言葉は、マントラではなくてもいいのです。「南無大師遍照金剛」でも「南無阿弥陀仏」でもいい。あなたの守護霊が観音様だと思ったら、「南無観世音菩薩」です。それをドンドンドンドン呼ぶのです。信じて真剣に呼んで、その言霊に気持ちが入ると、苦しみが消えるのです。私には確かにそういう経験があるから言えるのです。

そして、これは誰でもができる方法です。ですから、私は今、そのことを広くみなさんに教えているのです。ただ、これですべての苦しみから助かるかというと、そうではありません。

また、苦しみがやってきて、苦しくて苦しくて「こんちくしょう、こんちくしょう」という感情が湧き起こってくるのです。すると、「憎い、殺してやりたい……」となってしまう。そうしたらまた唱えるのです。競争です。でも、必ず続ければ救われるのです。

これは、仏壇の前やお寺の曼陀羅の前で唱えるのではなくて、どこでもできますから、ぜひ実行してみてください。空気のあるところ、すべてに仏様は存在しているわけですから、きっと通じます。そして、苦しいときに唱えれば、あなたがどこにいても仏様はあなたの声を聞いてくれて、それをくみ取ってくれるのです。

取ってもまた苦しみが入っています。そうしたら、また唱えるのです。人間というのは、何回もそれをやっていると、ちゃんと天上に向かって歩き出すのです。それが生きた信仰です。

また、私たち行者が「行」を行うということは命がけです。というのは、私たちは悪霊やとても強い不成仏霊を祈祷しなくてはならないからです。土地の浄化などでも、何でもない場所ならいいのですが、行者が行っても倒れてしまうほどの場所があるのです。しかし、頼まれたのに「できません」ということは言えませんから、そういうときは「死んだらもう一回あっちで行をして生まれ変わってくるか」という気持ちでその場に出向くほかはないのです。

日蓮がいろんな弾圧を受けたときに、竜の口で有名な、大縄で縛られ首を切られて死にそうになるのですが、そのときお側の人が声をかけると「自分は喜んでいるんだ」と言うのです。「日蓮をは泣かねども涙ひまなし」と。要するに、仏の道をやって命を落とす、こんな喜びはないだろうと、いうようなことを言っています。やはり、そういう心境です。強がりのようですが、その場になったらそう思うほかはないのです。

「行」をしてない坊さんは、怖くて逃げて帰るでしょうが、「行」をしていると逃げられない。

逃げたら仏様は見ていますから。そうなるともう、逃げるところがないのです。そういう状況はいつもあるわけではありませんが、そういう気持ちはいつも持っています。

ある程度腹の中に覚悟は入っているということです。たとえ、普通の生活をして、食事をしたり、酒を呑んだりその中に浸っていても、どこかに入っているのです。腹の中にグッと入っていて、いざ、というときに出てくるのです。

もしも、逃げて今度は「行」に逃げて、次の「行」もよくできなくて、自分は段々衰えて、死んで「無」になってしまうのだ、いずれは「無」になってしまうのだと。それはつまらないな、では、ここでひと踏ん張り踏ん張っていけば後はまた神様、仏様から力を貰えるのだと考えるのです。

それでまた一歩、一歩、天国、それから極楽へ上っていけるのだという気持ちになっていくのです。逃げたらダーンと落ちていくわけですから、今までの修行がなんにもならないで、リセットされてしまうのです。

そればかりか、滅びの道に入ってしまうのです。そこまで考えると、行くよりしょうがないと、進んで行くわけです。

気持ちがそこまで解決をつけてしまうのです。ですから、ただ除霊をやっているんじゃ、反対に霊に入られてしまいます。

ですから、金がほしくて金のために「百万円くれるならやる」と言って、百万円は貰っても、その場に行ってとり憑かれてしまい、今度はそれを取りたいために五百万円も六百万円も使ってしまうのと同じです。半身不随になったり、頭がおかしくなったり、強い霊は凄いですから。それでも神仏より強い霊は無いし、神仏といつでも繋がるような気構えというか、生き方をしていけば怖くないのですが、実際問題として、それでもやはり怖いものです。

それから除霊してもらう人が、変なところに行って高い金を騙されて取られたりすると、よけいひどくなります。行くところ、ところで取るどころかよけいなものを背負わされてしまい、しかもお金も使って、ドンドン悪くなっているのに気付かないのです。

もっと法力がある人のところに行けば一回で全部取ってもらえたのに、雪だるまになってしまったら、よほどの人でも取れなくなってしまいます。

しかし、残念ですが、そういう人は本当に法力のある人のところに行かずにインチキなところばかりに行くのです。ご縁ができないのです。だから、インチキなところばかりに行ってしまうのです。

たとえ宗教のことはなにも知らなくても、ひっかからない人はひっかからないで見抜いてしまうのです。「なんだか分からないけど、あいつはおかしい」と。

ところが、ひっかかる人は、騙す人と同じ霊格、同じ波動を持っているから吸い付けられるのです。

護摩を焚くということ

護摩を焚くということは、憑いた霊を焼いてしまうということです。仏様の法力を呼び込むというよりも、護摩自体が呼び込むようになっていると言った方が良いでしょう。要するに不動明王で火の仏様を呼んで、不動明王が大日如来になっているわけです。祓う力は不動明王なのです。

不動明王が「来い！」と言って、護摩の火の中に入って悪霊を祓えば、綺麗に祓うことができるのです。祓うことができなければ、ただの焚き火と同じになってしまいます。

護摩焚きは明らかに火が違いますし、力のある人が炊くと形も違ってきます。火の中に不動明王が入って来るのです。

去年の秋ごろに「話をしてほしい」と言われたので、九州の博多に行きました。その夜に「顔面神経痛で医者にいっても完全に治らないという人がいるのでお加持をしてくれ」と言われて、旅館でお加持をしました。お加持が終わって「どうだ？」と聞くと、その人は「変わらない」と言うのです。

私は「では、お金は結構です」と言って帰ろうとしたときに、その人のお姉さんが来たのです。お姉さんを見たその人がフッと笑ったとたん、それまでの顔のゆがみが取れたのです。このように護摩を焚かなくてもお加持をすれば取れるのです。

印を結ぶのが加持で、あとは真言を唱えます。真言は大般若というのがあってそれで祓います。効果は、速攻です。ですから、加持を受けてその場で変わらないというのは、その行者に力が無いということです。

人間というのは、変わればその気になります。そして、「このお経を唱えなさい」と言うと本当にその人は変わっていきます。そして、元の根を絶つまで唱え始めるのです。今度は本人が毎日、毎日、お経を唱えるとその効力がずっと続きます。その根本の原因の元が取れるのです。

一回お加持を受けてそのままで、家に帰ってからもなにもしなければ効力は薄くなって無くなります。

ありがたい結果を出してもらったら、今度は自分が魂を磨いてその根を絶つということを精進します。

憑依なども病気と同じで、病院に行ってちょっと治っても本人が治療をちゃんとやっていかないとまた元に戻ってしまうのと同じなのです。

加持水と観音様の甘露水

簡単に説明しておきましょう。加持水または、観音様の甘露水と呼ぶ水があります。これらの水は、よく悪鬼を祓って生命活力を与えてくれます。加持水や観音様の甘露水とは、「行」の中で種々お経を読み、そのお経の波動が入った水のことを言います。波動の入った密教波動水は、酵素を入れておいてから念を入れ、真言を唱えることでその症状に合った水に変化します。

もとは同じ水でも病気に適合した梵字を空書し、病気平癒の真言を唱えると胃、腹、肝臓、肺臓、腎臓とその症状に効く波動水ができます。ただし、波動水の場合はそのお水を飲まなければ効き目はありません。遠隔祈祷で水を運ぶことはできないので、遠隔祈祷のようにはいかないのです。波動水だけを飲んでてんかんが良くなったという人もいます。

仏の道を理解するための拝み方

今はお寺に行っても「こういうふうに拝みなさい」と拝み方を教えるお寺が少なくなりました。お寺の坊さん自身でさえ拝まないという場合もあります。ひどい坊さんになるとお経のテープを回していたりします。それは、とんでもない話ですよ。

ですから、救いを求めた人には拝み方や「行」の仕方を教えてやらなくてはいけないのです。「こういうふうに拝みなさい」と指導してあげれば、だんだん進歩していきます。そして、指導している人自身も進歩していくのです。

「物の見方はこうしなさい」と言っても、説法されただけでは分からないのです。たとえ、そのときに分かったとしても、明日になれば忘れてしまいます。それが仏縁です。ひどいことになって、逆境に落ちて、人間はそれで分かるのです。また、そうでないと分からないのです。

そのことを理解させるために、仏の道を理解させるために、どん底まで落とすということ、これも慈悲です。苦境に立ったときに初めて、求めて、教えられる。つまりは、どこにだって仏の慈悲っていうのはあるわけです。

ある一面からだけしか物事を見ないから「何で自分はこんな目に遭わなきゃいけないんだ。神も仏もいない」ということを平気で言ってしまいますが、そんなことはないのです。

何事も、経験で教えられるのです。私も逆境に遭い、苦しんで、苦しんで、それで変わったのです。そうでなければ、私も変わることができなかったかもしれませんし、今ごろ何をやっていたか分かりません。

供養するということ

私が「もったいないな」と思うことは、お金をかけて因縁的なものを拝んで、先祖の供養をやったとしても、そのあとなにもやらなかったら、また戻ってくるのです。ですから、自分がどう拝むか、自分でどう供養するかということです。それがないとまた戻ってしまいます。どんなに偉いお坊さんに拝んでもらっても、どんなに高いお布施を払っても、それは根本的な供養にはならないのです。

お坊さんは取りあえず代わりにやってあげただけで、供養というのは本人が毎日やらなくてはいけません。お坊さんは、入口を探してくれているのです。法があってその法によって、召霊するということです。

「これから供養しますよ」ということで、一回召霊すると道がついているのです。ですから、一回お坊さんに供養してもらったら後は、ずっと家で続けなければなんにもなりません。道をつけるのが行者の仕事です。それが二千年近くの仏教の経験や蓄積なのです。その蓄積や経験が積み重なって法になっているのです。それは、過去の積み上げた遺産です。私たちはそれの元で説法しているわけです。そして、みなさんにもそれの教えに従ってやりなさい、とお話ししています。

先祖の供養が完全にできて、霊格が上がってくるとオーラが強くなってきます。そして、ちゃんとした法に則って今度は人の供養をしてやる、それが正式です。しかし、それがはずれると、おかしなことになって、変なものを背負い込んでしまうということですね。

変なものというのは、よく無縁仏を供養すればいいということを言いますが、自分の家の供養ができなくて、無縁仏を供養したらそれが入ってきてめちゃくちゃになるということです。

先祖は守っている

先祖供養をするということは、その先祖が守ってくれるということです。先祖もやはり人間であって、良いことも悪いことも重ねています。ですから、仏に帰依して、法要を積み重ねて、また、悪い行いをしてきたことを懺悔して、今度は法要を続けるということです。ですから、法要を続けたということは先祖が法要を積んだ時点と重なって蘇ってくるので守護になるのです。しかし、悪いことをしたことが多ければ、やはり悪い物はどうしても入ってきます。

ですからそれを懺悔して、それを外して解脱させて、如来に帰依して法要を重ねると今度はその力が蘇ってきてオーラになって現れます。

毎日、供養をしているということは、続けるということもありますが、先祖に対してある種のエネルギーを送るようなことにもなるわけです。

要するに「浮かばれる」という言葉がありますが、向こうで修行しているご先祖にとってもそれは子孫が供養をしてくれるということは、バックアップになってくるわけです。そして、子孫の日々の供養で、パワーアップしたご先祖が今度はその力で子孫を守ってくれる。単純にそう考えてもいいでしょう。

その反対に、成仏できない先祖もあります。成仏できないご先祖は、子孫を守ろうと思っても守るどころではなくて、子孫に苦しみを訴えるわけです。「成仏させてくれ」と。それで、悪いことが起こるのですから、それに気がついて神仏に帰依して「行」を始めると変わるということです。

ですから、ご先祖が不成仏霊の場合、それは、子孫に悪さをしたいためにやっているのではなくて、供養をしてもらいたいと訴えているのです。成仏したいのに、成仏するだけの力がないから、苦しみもがいて子孫の足を引っ張って、不幸な現象を起こして何とか供養してもらおうとしているのです。

最初から悪いことをしてやろうとしてやっているわけではありません。「助けてくれ、供養してくれ」というご先祖からの訴えです。

基本的に霊はみんな訴えているのです。ご先祖の供養をするのもお盆とかお彼岸のとき以外は、無理をしてお寺に行かなくても良いのです。仏壇があって、お位牌があるなら家でやればいいことです。

仏壇というのは、お寺の本堂が出張してきているのですよね。だから、仏壇で拝むということは本堂で拝んでいることになるのです。ところが、今時は仏壇もない家がありますが、それもおかしなことで「仏壇はないのですか?」と聞くと、「先祖がいないからありません」と言うのです。

先祖がいないって、ではあなたはどこで生まれたのだ、ということです。近親者で死んだ人がいないということを先祖がいないと勘違いしているのです。親は生きているから先祖はいないと。しかし、そういうことを勘違いしている人というのは意外と多いのです。

それは私自身のことでもハッキリ言えることです。私の生い立ちがやはりものすごく悪い因縁があって、悪い因縁のために八人いた兄弟姉妹が次々に死んでしまい、ついには二人しか残されなかったのです。

そんな私の因縁が「行」に入っていって変わったのです。

他力では解決できない

一回拝んでもらえば今までの不幸なことがピタッと無くなってしまうと思い込んでいる人がいますが、それはとんでもない間違いです。病気でも有名な名医という先生のところに行って一回診てもらうと病気がピタッと治ってしまう、と言っているのと同じです。しかし、そんなことはあり得ないのです。

私にできるのは、入口を探してやるということです。確かに一回拝むとそのときは変わるのです。良くなるので安心してしまい、間違えるのです。

良くなるというのは、それはひとつの方便です。苦しんで「ここが痛い」とか、「体が重い」とか、ひどいことになっている体が祈祷するとピタッと治って、体が軽くなります。それで治ったと錯覚をおこすのです。

どこかに行ったときに地縛霊に憑かれたといえばそれは外せばまた、元に戻りますが、そうではなくて因縁的なもので具合が悪くなっているときは、それを外して清らかにして治しても、また、家に帰ると戻ってしまいます。

前世から繋がっている因縁は、一回くらい拝んだくらいではよくなるなんてあり得ないものです。要するに自分の心魂を清めるということを日々やっていく以外に方法はないのです。

ですから、一時的にでも良くなった、良くしてくれたのも仏様の方便なのです。良くならなかったら誰も信じませんから、良くなるんだよという見本を見せておいて、供養を続けさせるのです。

しかし、悪くなると拝み方が悪いんだという感じを持つ人がいます。「あそこの先生は、力がなかったんだ」などという人がいますが、自分はなんにもしていないくせに、良くならないことを人のせいにするのは本末転倒です。

死の苦しみを脱却する

死の苦しみを脱却するお経があります。生きていながら、それを唱えていると自分は死んだと観念するのです。観念したら今度は、観音様を拝んで、観音様に出てもらいます。するると、阿弥陀様が降臨してきて、阿弥陀様と観音様、弘法大師のところに行くのだということを思うのです。

それを毎日の「行」の中で続けて行くのです。そういうことによって、死の苦しみから脱却するのです。いつ死んでも良いように、毎日、日々の中で死んだときの準備をしているわけです。そういう境地になれると周りも全部そうなってしまいます。

周りがなるということは、子どもが失業したり、病気になったりしているとなかなか死ねないのですが、そういう状況が無くなるのです。そして、なんの心配も、悩みも、執着も無くなるのです。死ぬときは、そうじゃないと死ねないのです。

多くの人は、極楽というものを勘違いしています。死んでから極楽や地獄へ行くと思うでしょうが違うのです。今あなた方が生きているこの世が極楽であり、悩みや苦しみがあれば地獄なのです。みなさん、そのことを錯覚しているのではないでしょうか。

「死んでから極楽へ行くんだから、生きているうちに悪いことをしてでも金をうんと集めるんだ」という考えで、死んでからお坊さんをたくさん呼んで拝んでもらっても極楽には行けません。

何も持っていなくても極楽へ行く人はスーッと行くものです。ですから、物に対する執着があるとやはり行けないのです。

執着があると霊は体が重くて上がれないのです。だから、地縛霊になったり、迷ってふらふらしたりするのです。執着は霊にとって砂袋みたいになっていて、重くて上にスーッと行けないのです。

死に向かって自分で道を開いていかないといけません。死んだら何にもいらないし、持っていけるわけないですから。土地、金、家がどうだとか、会社がどうだとか、個人の死に関係ないことです。ですから小説『失楽園』などは現世欲のお話です。仮に、両手を縛って一緒に死んでも、一緒になれるはずはないのですから。考え方を変えなくてはいけないでしょう。

信じれば「証」は必ず出る

確かに世の中全体がめちゃくちゃになっていると思います。人々の考え方そのものが狂ってしまっています。それは宗教ばかりではありませんが、宗教で言えば、坊主が衣を着て霊のことを信じないのです。霊のことを信じる坊さんというのがドンドンいなくなっています。

キリスト教でも同じようなことが起こっていて、牧師さんや神父さんが神を信じていないというのです。「聖書に書いてあることは作り話であって、本当のことではないですよ」と言ったり、「だから、神の奇跡はたとえ話だよ」というようなことを言っているらしいのです。

しかし、それは違います。信じていれば、証《あかし》は必ず出るのです。証が出ると言うと「そうじゃないんだ、キリストは手をかざして病人を治したんだ」と言います。

牧師の手とキリストの手は歴史的にずっと繋がってきているのです。だから、牧師が信じて何かをやると変化が起こるのです。そして今度は、説法している牧師が信じた人の中に入って来ます。そして、信じた人が何かをやったときは奇跡が起こるわけです。しかし、そこまでやった人はいないのです。

仏教でも同じで、奇跡が起こるというのは、信じて何かをやると必ず奇跡は起こるのです。しかし、そういう奇跡を起こせるだけの力を持った坊さんがいるかっていうと、なかなかいません。

そういう力を使えるということは「仏と共に生きる」ことができるということでしょう。「仏と共に生きる」ということは、人間同士が共に生きるということで、相手の命を救うということです。喜んで自分の食物を次に与える。そのことによって、次が生きるということです。そして、次に自分の食物を与えることで自分の命が次の世代の中に入って生きていく、そういう考えになってくるのです。

それは当然のことなのですが、そこまで考える人が少なくなってきたということです。自分のことしか考えていないとどうしても次には繋がっていかないのです。

信仰を磨く

自分で信仰を磨くということを絶えず一日として欠かさずにやるということ以上の修行はありません。また、私などはそれをしないと取り憑かれてしまったときに出せなくなってしまいます。

落ちている霊を救済するために、引き上げるためにお経をあげます。すると、当然霊は、「助けてくれ」と寄ってきます。それに負けてしまうと、霊が自分の中に入って自分がそこへ落ちてしまうのです。ですから、霊を救済するときは、命がけです。また、私のところに相談に来る人というのは、苦しんで、苦しんで、あちこち歩き回って、どうにもならない人が来るわけですから、かなり因縁の深い霊を連れていたりするわけです。

それを出そうとすると、どうしても受けるのです。受けたら「行」で出すのです。分かりやすく言うと、私の場合は、体の中に大日如来から、観音様、お不動様、弁財天を入れます。「行」で入れておいて、今度はそれを出すとその受けた人が救われて、受けた方の悪いものが私の方へ入ってきます。つまり、入れ替えるのです。そうすると、今度は私の中に入ってきたものを抜かないといけませんから、重ねてドンドン「行」をします。要するに、神様仏様の力を借りて抜くわけです。

江本先生の著書『水からの伝言』の水などがそうです。あの水と同じであの湖の水の場合はパーッと一帯に念力を放射してダムが変わりましたが、私の念を入れた水も同じで、それを飲むと、仏様の力が体の中に充満してくるのです。それで、自然に出ていくのです。

霊障で気が狂った人も飲むだけで治りました。ただし、続けないとダメです。続けることができないというのが人間の弱さです。

しかし、仏様の力を目の当たりに見ると辞められないのです。どんなことがあっても死ぬまで続けるということになるのです。また、そのような奇跡体験で仏様の力を見せて私たちを励ましてくれているのです。それが、信仰ではないでしょうか。

私はみなさんに「信仰を持ちなさい」と言いますが、それで変わる人は一番良いのです。相談にいらっしゃるみなさんは、取りあえず「今の苦しみを取ってください」と言って来るわけです。そのときは「苦しみが取れるならなんでもします」と言って来ます。私が護摩を焚いて、祈ると具合が良くなる。すると、辞めてしまうのです。辞めるのは人間だからしょうがないのです。そして、悪くなったらまた来る、ということの繰り返しをしているうちに段々分かってくる人もあるし、分からない人もあります。

しかし、本物になってくれば何も言わなくても自分でドンドンやるようになります。すると、変わるのです。変わると習慣になって、ご飯を食べるのと一緒で、拝まなくてはいられなくなるのです。もう生活のサイクルの中に入ってしまうのです。

ただ、五、六年続けてスパッと辞めてしまう人もあります。それは非常にもったいないです。そこまでやって辞めてしまうということは、仏様との縁がなくなってしまうのですから。

語り継がれる信仰

私がご相談を受けた中でも、神様を粗末に祭っていて、それが影響して悪いことが起こっているというのがいくつもありました。私はご祈祷をして、神様に元のところに帰ってもらうということをしていますが、今は招霊と撥遣《はっけん》（送り返すこと）の両方ができる人は少なくなりました。私たちは修行の中で全部を習うのですが、途中で辞めてしまう人が多いのです。

しかし、昔の人は習わなくても「神様を粗末にしちゃいけない」と分かったいたはずなのです。みんながやっていましたからね。家督を引き継ぐときも、ちゃんと息子には「これを粗末にしないで一番大事にするんだよ」と、ちゃんと教えていたわけです。

その引き継がれるということが、どこからかで切れてしまいました。切れてしまうと、そういう見えない物に対する畏敬の念が失われてしまいます。

見えないこと、神秘的なことの中でも、超能力的なものには興味や反応をするけれども、もっと根本的な日々の神様と繋がる信仰にはとても鈍感になってしまいました。

しかし、私たちが生かされているのはなんの力かと言うと、神様仏様の見えない力によって実は生かされていて、その中にいるわけです。だから、その感謝を忘れてしまうといろいろな現象が起こってくるのです。

信仰というのは、そんなに難しいことではありません。隣人、一緒にいる人を大事にして、あるいは地球上に一緒に生きている生き物、そういうものを大事にして感謝して暮らしていく。

私たちは日々、命を食べなくては生きていけないわけですから、そういう命を戴いているということに感謝して、そして、その大いなる力、生かしていただいている大きな力に感謝することです。

魚を食べても米を食べても、相手の魚が死んで米が死んで、自分が生かして貰っているんだってことをいつでも思っていなければ感謝はできないでしょう。命を戴いているんだということね、そのことが分からないとダメなのです。自分だけで生きていると思っている人は、悲劇です。

子どもは親に対して、生んでくれたこと育ててもらったことに感謝をしない。奥さんは一生懸命働いてくる旦那さんに感謝しない。逆に旦那さんも奥さんに感謝しない。身近な家族に感謝ができなくてどうして大いなるものに感謝ができるでしょう。信仰はそんな身近な感謝から始まるのです。

第四章

現世欲からの脱却

「共に生きる」ことを忘れた家族

今の家族は物質的価値を重んじるあまり、家族でありながら「共に生きる」という考えがなくなって奪い合いになっています。また、学校もそうです。競争を小さい頃から教え込んでしまっています。「共に生きる」ではなく、「いかに勝ち、生き残るか」という教育です。大人が変わってこないと子どもも変われません。

私はまず、大学が変わることが望ましいと考えます。大学を全入制にして、アメリカやヨーロッパのようにちゃんと勉強しないと卒業はできないようにすることです。

そのような制度なら、受験勉強はいらなくなりますし、本当に勉強したいことが若いころからできます。大学で本当の専門知識を勉強すればいいのに、今の大学生は入学することが目的になってしまい、大学へ遊びに行っている人が多い状況です。それでは大金でブランド品を買うのと同じレベルです。

大学には遊びに行っていて、卒業免状さえ持っていけば就職できるなんてバカな話はないのです。それを良しとしている企業そのものも変わらなければダメでしょう。

大学が変われば、企業には実力のある人だけが来るし、本当に技術を身につけたければ高等専門学校や専門学校に行って、やりたいことをマスターした方が企業もいいはずです。二十四歳で大学を卒業したばかりの何もできない人間を一、二年かけて教育すれば二十六歳です。それでやっと使える戦力になりますが、それが十八歳くらいで入ってくれば、二十歳でちゃんと戦力になるわけです。しかも専門の教育を受けているから教育も早いでしょう。

二十五、六歳になったら会社でもバリバリの中堅になれます。大学や会社がそうなってくれば、お受験なんてバカなことをする必要がなくなるわけです。

また、そうなってこないと教育は変わってこないのです。会社にも派閥があって、ブランドの大学を卒業していれば就職が楽で幹部になれる、という悪しきしきたりが残っているから競争しあうわけです。

中学卒業だって、誰にもできないそれこそ一ミリの千分の一の物をちゃんと仕上げるということは、これは頭じゃないですからね。そういう物を持っている人、これはもう学校の勉強ではないのです。

物質欲と享楽に溺れ、本当の姿を見ようとしない現代人

こんなに苦しい時代だから、よけいに人はお金に対して執着します。物質欲によって本当のことが見えにくくなってしまっています。昔なら、国が潰れることはないから安定した職業に就くなら絶対公務員だ、という考えがありました。公務員なら一生食っていけると考えていたのに、今はそんな時代ではない。国自体が破産しているし、東京都の財政だって破産しているのですから。国も地方自治体も、上のものが自分の助けになってくれない時代なのにそのことをまともに伝えているメディアは少なくて、スポーツばかりをやっています。これは、国民にものを考えさせないようにしているのではないかと思います。

ユダヤの議定書にある戦後の3Sといえば、スポーツ、セックス、スクリーンですが、そういった娯楽を与えてしまえば、人間は今の本当の姿や世の中の姿を見ようとはしない。だから、人間はそういう享楽的なことでコントロールができる、というようなことを言っていますが、まさにそうです。

極端な言い方をすれば、奴隷化するわけです。それで、ほんの一握りの人が全てのもの

を支配してしまう。世界を支配している者にとっては、日本なんか潰れたって平気です。しかし、それに気がつかない。全部を犠牲にしてしまうことだって起こり得るのです。

森前首相がハワイ沖のえひめ丸沈没事故の一報を受けたとき、ゴルフを続けました。そして、そのことを指摘されると「何で途中でゴルフをやめなきゃいけないんだ。事故でしょ？」と答弁する。

森前首相もそこらのおじさんなら良い人なのですが、あの人が国のトップにいたということは悲劇でした。この時代にああいった人材しか出せないというのは本当に悲劇です。首相が「日本国民というのは家族と同じだ」という考え方に立てば、ゴルフどころではなくて飛んで行くはずです。もし、「自分の子どもが遭難したよ」と言われたら、ゴルフなんかやっていられないはずです。ですから、国民に対して、そうは思っていなかったのでしょう。

また、「処置した、処置した」と言っていましたが、処置さえすれば心はどうでも良いということです。

日本は何でこんなふうになってしまったのでしょうか。結局、核家族になってみんなバラバラになって家族制度というのがまるっきりなくなったことに原因があるのではないでしょうか。

戦後の占領政策からすれば、日本が完全に自給できていたら、アメリカの思うように動かすことも、支配することもできなかったからまずかったのです。農耕民族の日本人は、米を食って生きてきたのに、ドンドン田畑を潰してしまう。

食料もそうですがエネルギーで言えば、石炭がまだやれていたのに無理やり石油に変えて、石油がなくなったら生活ができないようにしてしまったのです。

また、昔の日本家屋は、襖《ふすま》や障子を外すとすべての部屋が繋がっていました。しかし、西洋風の家屋が良しとされるようになると、すべての部屋が壁で仕切られ、ひとつ屋根の下に住んでいても、家族はバラバラになってしまったのです。

戦後に入ってきた政策というのは、日本人の良い面を全部壊すことに力を注いできたのです。現代は一見便利になっていますが、石油や食料の輸入を止められたら日本はもうギブアップです。

国民を犠牲にしてきたのが日本の歴代の政府です。役人が私利私欲に走り、恥を恥と思わない。あれだけ「汚職だ、詐欺だ」と騒いでもみんなごまかしてしまう。そういう人が日本の政治家のトップや官僚のトップの中にいるのかと思うと非常に残念です。

政治を行うトップが腐敗しきってしまい、自浄作用がない。これは大変な悲劇です。

徹底的に生きる

私たち人間はみな、生きるために生まれてきたのです。そして、死ぬために生まれてきているのです。ですから、生きているときは徹底的に生きなくてはいけないのです。

私の知り合いに九十歳を過ぎてから放送大学に通っている人があります。これは偉いです。徹底的に前向きに生きているのです。生きるときはいっぱいまで、とことんまで生きるのです。そして、死ぬときはスパッと死ぬのです。生かされているうちは目一杯まで生きる、そして、死ぬときはスパッと死にきるのです。そのために一生懸命生きるのです。

九十歳を過ぎたその方は「やることがいっぱいあって忙しい、忙しい」といつも言っていらっしゃいます。自分で意欲を持てば、いくつになろうとやることがいっぱいあります。

よく定年退職をすると、シュ一ッと元気がなくなってしまう男性があります。暇になった時間を趣味で潰すより、やることはあるはずです。そうなってくると、なんのために生きているのか分からなくなってきます。

お坊さんでもある程度まで登った人は「あなたは生きたいか?」と言うと「生きたくない」と言う。「死にたいか?」と言うと「死にたくもない」と言う。

「生きたくもないし、死にたくもない」ということは、分かりにくいかもしれませんが、「死にたくもない」というのは「死のうと思う必要はない」ということなのです。「あえて自分から死のうとは思わない」ということです。

ですから、死もまた怖くないから、生きる死ぬには関係ないということです。超越しているのです。「生きたいか?」というと、「生きることにこだわる必要はない」と言うのです。生きるとか、死ぬとか、そういったこだわりはなくなるということです。

生きているのだからいっぱいに生きている。死ぬんだったらスパッと死んでいく。だから、こだわりがないから「生きたいか」と言うと、「生きたくない」と言う。「死にたいか」と言うと「死にたくない」と言う。そうなってしまうと欲もなくなってしまうのです。

今は大変生きにくい世の中になっていますから、むしろ「生きたいか」と言われて「生きたい」という人は少ないのではないでしょうか。

「こんなに苦しいなら、早くサッサとこの世とおさらばした方がいい」という人の方が多いかもしれません。

ローンも抱えて生活が苦しいのに、リストラで仕事もなくなったり、いろいろ大変なことが降りかかってきます。今の世の中は、良いことよりも大変なことの方が多いです。だから、そういうところで「生きたいか」と言われると「生きたくない」。けれども、死ぬほどの勇気もない。しかし、そんなときこそもう一度考えてみてください。私たち人間はみな、生きるために生まれてきて、死ぬために生まれてきているということを。ですから、生きているときは徹底的に生きなくてはいけないのです。

そのことは私もよく分からなかったのですが、最近少し分かってきました。「生きたいか」と言われれば、別に生きたくない。「死にたいか」と言われれば、別に死ななくてもいい。これからもやることがいっぱいありますから。

思いやるということ

男も女も、お互いを思いやる感謝の気持ちがないとダメです。外から見て何の問題もない家庭の奥さんが精神的におかしくなっているということは、現在の生活に不満を持っているということです。人のことなど思いやる余裕もなく、「なんでも自分の望むようになって欲しい」という考えが心の中にいっぱいになって、おかしくなってしまっているのです。そうなってしまうと、現実はこうだということを把握できない精神状態になってしまいます。

「何もかもうまくいかないのは、自分が悪いんじゃない。旦那が悪いんだ。旦那が変わればもっと幸せになれるのに……」って思うわけです。男も女も同じように考えますが、自分が変わっていないのだからどんなにいい相手がいようと、同じことが起こるのです。相手に感謝ができなければ、つきあい始めはいいかもしれないが、そのうち相手もあなたに感謝をしなくなります。

今は、「譲り合い」、「思いやり」というのがなくなりつつあります。やはりそれは戦後の思想的な問題も大きくかかわってくると思われます。西洋思想の個人主義が、変に日本風にアレンジされて利己主義になってしまったのだと思います。

昔の日本はそういう思想ではなく、家族制度を守ってきました。儒教、道教、仏教、というこの三教の教えから家族への思いやりがあったわけです。みんな家族は思いやりで生きていたし、向こう三軒両隣、長屋そのものが助け合ってひとつの大きな家族になっていたのです。他人だけど家族という考え方です。

自己を振り返り、感謝をする

相談に来る人、特に女性ですが、ハッキリ「あなただって、ここはまずいですよ」と言うともう来なくなります。

私が相談者に、「感謝もしないでご主人をバカにするということでは、家庭を破壊するから、うまくないですよ」ということを注意すると次から来なくなるのです。

例えば、旦那さんが麻雀をやる、ゴルフをやる、それで子どもの学費をケチる。それがおもしろくない。だから親父はダメだ、というのです。しかし、そうではないのです。奥さんは会社というものをよく知らない。社会や社会経済というものがどうなっているか、一体会社でどんなことが起こっているかということを良く知らないから、麻雀やゴルフがみんな悪くなってしまうのです。会社や職場の立場上それがどっちも必要な会社があるのです。営業職などは特にそれが必要な職種なのです。

それも理解しようとしないで、ただ遊んでいると思っているです。お給料もそれなりのものを取っていて生活に不自由はないのに、もっと給料の良い人と比べて「うちの亭主はたいしたことがない」というのです。では、奥さんがそれだけの給料を取る仕事ができるか、ということです。できないなら素直に「ありがたい」と感謝をしなければいけません。

ご主人が会社のつきあいや取引先の接待など、麻雀やゴルフをやらないで会社が終わったらパッと家へ帰って来る人だったらどうかというと、それはそれでまた不満が出るのです。本当にキリがないです。

もっとほんとの幸せというものを真剣に考えなくてはいけません。男性も、家庭やいろんなことを犠牲にしながら、高給を稼ぐことが本当に幸せなのか。

女性も、安いお給料であってもちゃんと家に帰ってきて、家庭のことをやるお父さんの方が良いのか。そのかわり奥さんは、安い給料で生活できるように工夫をしたり、贅沢を望まないこと。

よく考えて、それが幸せだと思えれば、それで良いのです。みんながそう思ってくれれば楽になれます。しかし、人間の欲は際限がありませんから、新しい車を見れば欲しくなります。今の資本主義社会がそうさせるのです。欲望をドンドン駆り立てるから、満足できなくなる。

みんなが「質素でいいよ、昔の生活で良いんだよ」と言ったら、原子力発電所もいらなくなります。しかし、それでは困る人がいるのです。政治家や官僚や企業人です。もの凄い利権の巣窟になっているのですから。しかし、私はバタンとひっくり返るときが来ると思っています。物質的な豊かさを望んでも幸せは絶対に得られないことに気がつく人が増えてくれれば変わります。

幸せな心の持ち方

心の持ち方で全部が変わってきます。ですから「幸福だ」と思い切れば本当に幸福になるのです。要するに、どのような出来事があなたの周りに起きようとも、その状態や現象や起こった出来事は、幸せでも不幸でもないわけです。本人がその事実を「幸せ」と思うか、「不幸」と思うかという違いだけです。

病気だって、病気自体は幸せでも不幸でもないのです。病気になったことで何か大事なことに気づくことができれば、これはむしろ幸せだったと思えるわけです。あるいは障害を持って生まれてきたために本人やその人を取り巻く人々が、世の中の大事なことが見えるようになっているのであれば、その障害はありがたいものです。

はたから見ると、病気は不幸だとか、かわいそうだとか思われがちです。金がないと幸せではないか、逆に金があるから幸せか、というとそんなことはないのです。お金があると物質的には豊かになりますが、家族がバラバラになったり、金を取り合って兄弟が絶縁になったりとか、いろんなことが起きてきます。それは幸せではないのです。

世の中は様々で、「駕籠に乗る人担ぐ人、またその草鞋《わらじ》を作る人」ということわざがありますが、駕籠に乗っている人より草鞋を作っている人の方が幸福な場合はたくさんあります。だから、表面的に見ると駕籠に乗っていて威張っている人が一番幸福だと思いがちですが、ところが反対の場合が結構あるのです。

草鞋を作ったり駕籠を担いでいる人が幸福で、駕籠に乗っている人が不幸のどん底に落ちているということがあるのです。ですから「物の見方」というのは凄いことなのです。

今から二十年近く前に亡くなった、劇作家で詩人の寺山修司氏が『幸福論』という本を書いていますが、その最初の方に「みんなが幸せを求めているけど、世の中から幸福が無くなったわけではない。ただ、幸福であるかどうかという幸福論が世の中から無くなってしまった」というようなことを書いています。

幸せはなくなったわけではないのです。「見方」です。何が幸せであるかという見方が、無くなってしまったのです。ただ物質的に豊かだったら幸せだとか、老後の蓄えがあるから幸せだとか、非常に物質的な価値判断だけで幸、不幸を見ることしかできない。それはどうも根本的に間違っているのではないかと、疑問に思ってください。そうすれば質素であっても幸福な生活ができるはずです。

むしろその方がやりやすいし、生きやすいはずです。金持ちで物質的に豊かだとむしろ幸せになりにくいし、死んでからも成仏しにくいというようなことがあります。

真言宗というのは、全てのものを全部飲み尽くして、消化していくということです。理趣経というお経は全部を肯定しています。セックスも肯定しているし、欲も肯定している。快楽や享楽などすべてを全部肯定しているのです

しかし、肯定していますが、その肯定にも限度があって踏み外すことは許さないということはあります。

仏様に近づいてくると、それを否定したら全てが無くなってしまうから、人間そのものが無くなってしまうと言うのです。そうなると、仏様どころでは無くなってしまうということです。

人間があって仏様があるということです。しかし、そこで誤解が起こってしまいます。

それは、男と女が抱き合って「これは仏様の姿だ」と言うと、今度は淫らなセックスも仏様の姿だと誤解して解釈しがちです。ところが、これは仏様の姿だと、賢明な解釈を持った人は仏様に近づいていくのです。

ところが人間は情けないから、淫らな方、淫らな方へとどうしても行ってしまうのです。そんな情けない人間だからこそ、宗教が必要なのです。

しかし一部の宗教家が、宗教の本願とする目的とはすれちがった解釈で欲のために宗教を利用しているから、どんどんおかしくなっていってしまうのです。

ですから、詐欺同然のようなことをやっている宗教の団体や教祖にだまされるというのは、だます方も悪いし、また、だまされるのも悪いのです。

そこへ行っているから幸せになれると思っているわけでしょうが、自分が変わろう、やろうとしないで依存ばかりではだます人と変わらない「同じ穴のむじな」です。

どんなに偉い神の化身のような人がいたとしても、だからといってその人に会いに行ったり、縁を結んだとしても「行」をやるのは自分です。それなのに「あそこに行ってあの人を拝んでいれば幸せになれる」と言っている。拝むのは自分の力なのに。

自分自身が仏に対して拝み続ける、祈り続けるということが大事であって、お金を出して「拝んでください」と頼んでしまうのは間違いです。

神様、仏様に近づく、その方法を教えてくれるのが教祖であり、神父であり、住職であるということです。

価値観を変える

「物の見方を変える」というお話をしましたが、自分の中の価値観を変えていけば、その際限のない物欲のサイクルから降りられるわけです。しかし、なかなかそれが怖くてできないのです。

地獄も極楽も自分の心の中にあるということに気づいてください。決して極楽は物質的な豊かさの中にはありません。心の平安です。

時間に余裕が持てたり、何を食べてもありがたく思えたり、ホテルでフルコースを食べるよりも家で、手作りのものを食べて「おいしい」と感謝をする気持ちです。そこにはお金や物質への欲は入らないのです。

私たちは、欲望をあおり立てられ、それに乗っているということです。物の見方や価値観が変わることで極楽と地獄の考え方も変わるということです。

きっと毎日のテレビを見ないだけでもずいぶん変わると思います。テレビや週刊誌などで創られるトレンドに乗せられないことです。

ひっくり返るためには行くとこまで行かなければ変わっていかないということでしょうが、今は宗教までが反対の作用を起こしてしまって、詐欺師を養成するようなことをしています。残念ですが多くの人が、宗教で騙されています。

宗教に入る人の多くは、心の平安を求めているのではなく、自分だけが救われたいというエゴによる場合が多くあります。これもやはり、俗な欲です。よく考えるとバカらしい話です。

世の中にはプラスとマイナスがあって、それで全部が成立していくということが分からなくなっています。ということは、物事には「当たり」と「はずれ」があって世の中が回っているということです。

例えば、プロ野球だってジャイアンツが全部勝って必ず優勝すると分かっていたら、誰も見に行かないのです。必ずどこかでずっこけるようになっているということが分からなくなっているのです。

ですから、そのバランスがおもしろいのです。「可能性」と「必然性」が入り組んでいるから良いのです。ある法力のある人のところに相談に行って、拝んでもらって良くなっても、また悪いことが起こるとあの人はおかしいんじゃないかと、パッと行くのを辞めてしまう人がいます。これは大変にもったいない話です。お金をかけて、ある程度まで行ったのに、また元に戻ってしまうのですから。

せっかく幸せになる入口まで連れてきてもらったのにまた戻ってしまう。それは病気であったり、事故だったり、家庭不和だったり、何か、不幸現象によって幸せになる入口まで連れてきてもらったわけです。

「この中だよ」と言っているのに、後ろ向きしてまた帰って行ってしまうのです。「ピンチはチャンス」で、起こった不幸現象というのは実はありがたいことなのだと捉えることができれば良いのですが。

また、それが肥やしになっていろんなことを知っていき、それによってその人の霊格が上がっていくわけです。

それが向上させることができずに、めちゃくちゃにしてしまうことがあるのです。不幸になったからと、めちゃくちゃにしてはいけないのです。それを足場にして、バネにして、人間の向上心を伸ばしたり、人間の人格を完成させるとか、そこまで行った人は不幸がプラスになっていくのです。「苦しみ」というものがなかったら、人間というのはどうにもならないのです。

起こった現象を「不幸」と決めているのはその人です。例えば、その病気をきっかけにして信仰の道に入って、心の平安をそれからの人生でもし得られるとしたら、こんな素晴らしいことはないのです。

水晶のブレスレット

水晶は念を拾ってそれを増幅して出します。念が一杯になると今度は悪い念を外に向けて放出し始めます。体の中にもドンドン入っていきますから体にも良くないのです。水晶のブレスレットは、良い物というのはほとんどないと思った方がいいでしょう。一般的に水晶という物質が良いと思われていますが、水晶自体、感度が良い石ですから、その石に良い気が入ってなければかえって危険だということです。

以前、野球選手が水晶のブレスレットを持って、調子が良くなったということから注目されたと思います。その水晶は、ちゃんとした誰かが拝んだということです。それ以前は、水晶は怖いと言われていました。

水晶というのは、良い物も悪い物も全部吸収するということを一般の人は知りません。水晶は、水です。水の固まりですから、水が変化するということは良くも悪くもなって、変化していくということです。それと同じで水晶は変化しているのです。

人の心も初めは正常なのですが、それが外からの悪い影響で変わってきます。その理屈が一般の人には分からないのではないでしょうか。心はしょっちゅう変わるということです。ですから、どんなものでもドンドン変化して行くもので、実在するもので変化しないものはあり得ないということです。変化しないで実在しているような錯覚を起こしているということなのです。瞬間瞬間で全てのものが変わっていくということです。

商売繁盛と狐

商売繁盛や景気が悪いとき、お稲荷さんを呼ぶわけです。みなさん誤解している人が多いようですが、お稲荷さんは狐ではありません。お稲荷さんは稲荷大明神という神様です。

その神様のお使いをするのが狐です。

商売繁盛を祈願してお稲荷さんを祭った人は「商売繁盛で、ありがたい」と喜んでお礼をして返せばいいのです。それをしないからいろんなことを狐がやり出すのです。

例えば、お稲荷さんを祭った初代が亡くなると二代目に家督が継がれます。二代目にきちんと引き継ぎをしておかないと、二代目にとってはお稲荷さんの大切さが分かっていないから、結局、ほこらだけを神社かなんかに納めればいいんだと、そういうふうに考えてしまいます。ところがそうじゃなくて、中にはお御霊《みたま》が入っているのです。

御霊もどこかの神社に納めればいいんだと思いがちですが、それでは帰らないのです。土の上に祭った場合は土の中に入ってしまいます。

ですから、お稲荷さんの本部に返せば、本部で呼び戻せるのです。例えば、伏見なら伏見、笠間なら笠間に返せばちゃんと納めることができるのです。ところが、それをしないで片づけてしまうと、その土地の中に入ってしまったままになります。

そして、狐も初めはお使いが白孤だったものが野孤《やこ》になるわけです。野孤というのは野ぎつねで赤いきつねです。

そうなると悪さを始めます。しかし、悪さをするということは当然のことで、商売繁盛のお使いをしてやって、家や商売が楽になったのにちゃんとお礼もしないわけですからしかたがないのです。それにもまして、変なところにほこらを持って行かれたから自分は帰るところもなくなったわけです。そうすると、狐にとっては、恩をあだで返されたということになるのです。今までは一生懸命やったのに、お礼もしないで野放しになってしまうわけですから、当然怒りだします。

そうすると、そこの家にだけ怨念をぶつけるわけです。ですから、その家は事故が起こったり、変な病気になったりと、いろんなことが起こってきます。とにかく、野狐にもいろんな種類があって、取り憑いた人が夜中になると飛び出す種類もあるのです。それをみんなは痴呆だと思って片づけてしまいますが、痴呆でない場合もあって、そういう場合は拝むとすぐ治ります。

そのような場合は、狐を諭して本宮へ返してやるのです。そうするとピタッと治ります。

現世の欲に囚われてはいけない

お金に執着している人はかわいそうですが、しかたがありません。それは、仏教だけの教えではありません。キリスト教の聖書にも書いてあります。「金持ちが天国に入るのは、ラクダが針の穴を通るより難しい」と。

それは事実なのです。お金を持っていると死にきれない。どうしてもお金に執着してしまい、迷ってしまうからです。また、残ったお金が血族の争いの種になることも珍しくありません。

それが争いの種となり、兄弟喧嘩をしたり、親族の縁を切るようなことにまでなりかねません。ですから、そういうことを考えると生活ができるだけのお金があれば、それ以上のお金は必要ではないのです。

また、お金によっておかしくなっていくのは個人もそうですが、宗教団体にも多くあります。無理をして、大きい器をハッタリや見栄で作ります。すると、お金の工面が大変です。あっちに払いこっちに払い、結局、それにともなって信者さんが増えてくればいいのですが、増えないと良いことばかりを並べて信者さんを増やそうとします。極端に言えば嘘をつくってことです。しかし、そうなると、それは宗教ではなくなって、すでにそれは地獄です。

今は多くの団体が、大きくしてしまった組織を維持するためにお金や信者さんをできるだけたくさん集めようとします。

そのような見栄えは、同じような欲を持つ人間を集めます。ですから、しっかりと仏の教えを学んでくると欲も変わってくるのです。立派な家や庭など見栄えの良いところを見ても、普通なら欲しいと思うでしょうが、欲しいと思わない。むしろ、かわいそうだという思いになります。

執着や物質欲がなくなってしまうのです。綺麗な家、綺麗な庭、綺麗な花を見ると美しい、綺麗だと思うのですがそれを欲しいとは思わないのです。そういうふうに変わってくると凄く楽になります。

この世の欲など大したことはないということに気づいてください。たとえ世界中のものが自分のものになってもそれは現世での砂上の楼閣にすぎません。

ところが、現世で徳を積んでいる人は天国にもの凄い社を築いているのです。ですから、いつ死んでもいいということです。現世の欲などは、たかがしれています。

ある宗教団体は何百億円も集めましたが、逮捕され、破産状態です。私たちはそんな欲でなく、もっとすごい欲を持つようにしましょう。どれだけ人を助けて、どれだけ高いところに上がるか、そう考える方がずっと楽しいことではありませんか。

欲もそこまでくると綺麗なものを見ます。人も自分もなくなりますから、みんな綺麗で、喜びになります。ところが変な欲があると「これは人のものだ、自分のものだけにしたい」と思って喜びが伝わってこないのです。人と比べるから羨ましかったり妬ましかったり、独占したくなりますが、それが無くなると楽です。

ストーカーも霊障の場合がある

現代の異常な愛欲にストーカーという行為があります。その行為は愛情ではありません。その感情は愛情がベースにあってやっているのではなく、エゴです。自分のエゴを満足させるためにやっているから、相手が迷惑だろうがなんだろうが関係ないのです。ストーカーの行為は、相手を不幸にしているし、最後は殺してしまう場合だってあります。そうして自分も不幸になっていくのです。

そんな愛の形が幸せになれないと分かり切っているのに、やればやるだけ嫌われるのが分かっているのにやめられない。そういう人も気の毒なのです。

やればやるほど良い結果が出ないのが分かっているのにやるというのは、それが「業」

だからです。理性的判断がなくなって、人間の煩悩に振り回されてしまうのです。そうなると、感情のままに走ってしまいます。

その場合も本人の力だけでなく、霊的なものが関与している場合が多くあります。全部が霊的なものだと言ってしまってもいいくらいでしょう。性犯罪を犯すのは、だいたい悪い霊に影響されていると考えていいでしょう。

人間の感情というのは誰もほとんど変わりません。ですから、綺麗なものが好きなのです。例えば、綺麗な女性を見れば「良いなあ……」と思うでしょ？　そして、その人と話していると気持ちがうれしくなる。だからドンドン想いが深まっていくのです。そうすると男なら「抱いてみたいな」と思うのです。よく坊さんだからそれはないんだというのは、それは嘘です。

それを理趣経ではハッキリ言っているのです。綺麗なものが綺麗なのは、それは仏様の方法であり、セックスをしてもそれは仏様の姿なのだと。理趣経というのは本当に分かりやすい教えです。そして、それを高めていかなければならないとも言っています。それをちゃんと実践させてくれるのです。

どういうことかというと、親鸞の修業時代の話で、親鸞が女性を抱きたくて、抱きたくてしかたがないときに、観音様が女になって現れ「私を抱きなさい」と言う。そういうことが起こるのです。要するにエネルギーをいい方向に昇化してくれているのです。

霊障には慢性と急性がある

病気には慢性と急性とがあります。霊障も同じです。病気でも慢性の場合は、急には良くなりません。何回か来なければなりませんし、自分も「行」をしないとダメだということを説明します。そうすると納得するのです。また、運悪く地縛霊があるところに行って憑かれてしまったときなどの急性の場合は、そのとき一回きりの祈祷で良くなります。しかし、急性でも慢性のような症状になる人もいます。その人は素質というか、受け入れやすいものを持っているのです。しかし、誰もがそこに行けばそうなるわけではありません。

そこのところがよく分からないと、右往左往して、あっちに行って、こっちに行って、行者を捜して歩くのです。しかし、残念ながらそうすると余計にいろんなものを背負って来ることになります。

何十年間も「行」を続けている人は、必ず良い方向へと変わっていきます。しかし、続けている人は、本当に少ないのです。今まではインチキがあんまりにも多すぎたので信じきることができなかったのでしょう。

また、入られやすい人というのは、オーラが欠けているのです。人間の場合、全員にオーラが出ています。ですから、私は相談者に「ちゃんとオーラを強めなくてはいけない」ということを言うのです。

すると、オーラを強めるにはどうしたらいいか、ということを聞かれるので、ここで簡単に説明しましょう。座禅をして腹式深呼吸を長くやりなさい、ということです。それは少しめんどうだったり、飽きてしまってできないだろうから、それではお経を読みなさい、ということです。みなさんも腹で呼吸してみてください。そうすると変わってきますよ。

第五章

東洋の思想と日本の心

森羅万象に神が宿る

その昔、日本には産土《うぶすな》の神や山の神様など、私たちが生きている環境のどこにでも神様はいたわけです。ご先祖様もすぐそばにお祭りして、お墓もすぐそばにありました。鎮守の森と呼ばれる森には亡くなった人がその周辺にいて、常に子孫を見守っているということがあったわけです。

しかし、それでは人々を統一して政治的に利用できない。そのために国家神道を作ったのです。また、政教分離にかからないように神道でなく神社神道の「祭典」という形でお祭りを始めて天皇は神様に祭りあげられたのです。こうして日本人の根本的な考え方が変わってしまったのです。

しかし、私は日本人のベースは古神道ではないかと思っています。仏教徒であろうとクリスチャンであろうと、日本人はやはり古神道です。そして、多神教というか、あらゆるところに神、仏があるという八百万《やおよろず》の神の発想です。日蓮の曼陀羅の中には天照大神もいます。

「アミニズム」と言って自然全部を崇めること、自然崇拝です。草にも木にも虫にも、全部に神様が宿るというのです。

土の中にもいるし、空にもいる。だから、山を重んじ、山を崇拝の対象にしたのです。山というのはそういう対象の存在であるわけです。だから、仙人も山に住んでいます。また、かつては、役の行者も山で行をしているし、弘法大師も山で行をしています。それだけ山というのは、エネルギースポットであるということです。

山もやはり、元々は「水」と「火」なのです。「水」と「火」は必ず仏教でも神道でも使います。インドは仏教の国ですが、みんなガンジス川に入っています。あれは禊ぎをしているのです。神道も禊ぎをしますから同じなのです。

また、キリスト教を考えても、洗礼を受けるときには本来、水の中に入ります。日本の仏教の灌頂《かんでい》がそうです。お風呂の中に「塗香《ずこう》」という塗る香料を入れて入ります。「塗香」は手に延ばして、体に塗って水に入りますからキリスト教のバプティスマと同じです。そして、上がってきたときに、もう一度水をかぶります。

その「行」を見届ける管長がいて、管長が同格の人を呼ぶのでしょうね。すると、大僧正が確かに「行」をしましたということを見届けて頭に水をちょっと垂らしてくれるのです。これは、死と再生です。一回水に入って古い者は死んだと、そして「今度は新しく生まれ変わるんだよ」という儀式ですが、神道も同じです。

私見ですが、宗教で分けるのはおかしいのです。要するに、民族や歴史や習慣や神様の名前や、拝み方が少しちがうだけで根本は同じなのです。

違いがあるとするなら、あとは政治的な事情でしょう。権力者がどう政治に使うかです。なんといっても、神様が争いを勧めることはあり得ないのですから。神は「愛」であり、仏は「慈悲」であり、それが「喧嘩していいよ」などと言うわけがないのです。その人が成長するためにちょっと苦しみを与えることはあっても、それはあくまでも生きるための成長の試練なのです。

ところが、喧嘩をさせて儲けるというのが今の資本主義です。喧嘩をさせないと儲からないから、欲を対象に喧嘩させるわけです。それをニーチェは「神は死んだ」と言ったのです。神は死んでなどいないのです。それは、人間が勝手に思いこんだだけなのです。

神に始めもなければ終わりもないわけです。また、仏様も同じですので、始めもなければ終わりもなくて、ずっと存在していて、それは遠くにいるのではなくて、やはりいつもそばにいて、あるいはそれぞれの人の中にいて、頼べばいつでも力を貸してくれるのです。

人間が神仏を意識すれば、力が出るのです。

ですから、その行為が、拝むということなのです。神仏へと意識の焦点を合わせなければ力を貸してくれないのですから。

ですから、神仏に近づくための手続きなどはいらないのです。例えば、どこかの檀徒になって、こういうことをやらなければならないとか、どこかの宗教団体に入って会費を納めてということは関係ないのです。

国家神道ができた流れ

伊藤博文がヨーロッパに行ったときに、ヨーロッパにはキリスト教があってキリスト教で国家を統一しているということを知るわけです。それで、日本にも心の支えになる宗教という物が必要だと考えたとき、無いと。それで国家を統一できるような宗教を作ったわけです。それが国家神道です。

何をやったかというと、天照大神というのは前からあったのですが、これほどではなかったのです。そこで国を挙げて天照大神を祭り上げて、統一したわけです。キリスト教で統一するのと同じような形を日本に作ったわけです。

そして、廃仏毀釈《きしゃく》をやったわけです。それで、神道を浸透させて神社を造り、それを神主に割り当てたわけです。だから、神社は霊がほとんど動いていないわけです。考えてみると、乃木大将とか、戦死した人間が神様になっているのですよ。仏様になっていないのです。

それもやはり国を統一するのは神であり、日本は神国だといって統一しないと、統一にならないという事情があったからです。それで大東亜戦争に引っ張っていったわけです。そして、天皇を神様にしたのです。それまでの日本の宗教は全然そうではなかったのです。それまでは、仏様が神様だとかそう言われていたのです。

近代になり天皇制ができて、国家神道を作ったことで侵略戦争へと一気に加速して行ったのです。天照を祭り上げて、天皇を神様にして国家神道を浸透させることで「日本は神の国だ」と言って、日本国民を統一して侵略戦争を始めたわけです。考えてみれば、神様が「戦争をやって良い」と、言うわけはないのです。

古代より祭りとして行われた行事には神事、仏事等があり、相嘗《あいなめ》祭は十一月の初卯の日にその年の新穀を神に供えた。また、アイヌの祭りは山の神への感謝の祭り。仏事としては仏と縁を結ぶ結日、灌仏会《かんぶつえ》、芸能としては人形浄瑠璃（十八世紀前半より昭和十年頃まで）、それに江戸里神楽や鬼太鼓があり、庚申待ち等、古くからの日本文化発生の祭りがありました。

しかし戦後になり、政治と宗教を一緒にしてはまずいと外国からも批判されるようになりました。そこで、政治と宗教を分離するには「祭典」だということになり、神社の「祭り」を作り上げたのです。

「祭り」だったら神様の名の下に、バンバン騒いで人を統一できるわけです。何がなんだか分からない神様がそこにポコッと浮かび上がってくるわけです。神社は「祭り」という「祭典」を行うことで政教分離を実現したのです。

それまで日本の中に天皇を拝むという習慣はなかったのです。要するにご先祖が死んだあとに、鎮守の森などがいつでも近くにあったから、いつでもご先祖様が子孫を守っていたというのが長い日本の風習でした。

ですから、近年になり国家神道ができてきて、祭典が習慣になってしまったので正月になるとみんなお参りに行くようになりました。では、お参りに行って家では何をやっているかと聞くと何もやっていないと言うのです。それでは宗教ではありません。確かに宗教の形を取っているけれど、神様が祭られているというところに行って一年に一回拝んでくる。それを宗教だと思って錯覚しているのです。

今では神棚のある家も少なくなりましたし、仏壇のない家も結構あります。なぜ仏壇がないのかと言えば、「先祖がいないから仏壇がない」と言います。仏、つまり死んだ人がいないからと言っているわけですが、ではあなたに先祖様がいなかったら、どこから生まれてきたのだというのです。今はおかしなことを言っている人が多いのです。

私は神棚と仏壇と両方祭っています。不思議に思う人もいますが、神様と仏様は同じなのです。そういうこだわりは、ありません。みなさんの中には神様、または仏様にこだわっている人があるかもしれませんが、私からすれば、同じだということが分からないのが不思議です。本当は、みなさんも知っているはずです。だって、お寺の中に神社があるじゃないですか。神仏習合です。ですから、神仏が別と思う方がおかしいのです。私は、神仏の世界はひとつだと考えています。

仙神道は軍学でもありました。大名が軍師を雇いましたが、あれは仙神道が多かったのです。

仙神道というのは仙人の術で、それが修験道になっているのです。それを使っているのが多いのです。

また、修験道は仏教もそうですし、天台宗も、真言宗も、日蓮宗もみんな入っています。ですから、修験道は神仏を一緒に拝みます。お寺の僧も天照も拝むし、大日如来も拝みます。

大日如来というのは、仏教でいえば大日如来ですが、神道では天照だと言われています。それは、国津神と天津神が交流して、それが結局、大日如来ということでしょう。

それが日本では天照になったのです。前述しましたが、天照の信仰は最近のことです。それまでは広く一般の人たちが、物見遊山のような感じでお伊勢参りに行っていたのだと思います。それが、政治上の思惑もあり、日本国の信仰として、国家神道、神社神道として奉ったということでしょう。

結局、廃仏毀釈を行いお寺を潰してみんな神道にしたけれど、仏様の教えはみなさんと一緒に生きているのです。

西洋思想と日本文明

今私たちが抱えている多くの問題は、西洋の思想が入ったころから種が蒔かれたと思います。日本の昔からの文化と文明は今の思想とは違うところが多いのです。日本の文化というものは、すごいものがありました。その日本文化が引き継がれれば良いのですが、そうはいかないようです。戦前までは日本文明が華やかでした。仏教の教えが浄瑠璃の中に出ています。歌舞伎の中にも宗教が入っているのです。

歌舞伎の「勧進帳」に出てくる山伏問答などは、仏教のことを説明しているのです。また、義太夫の中にも入っています。

昔は、みんなが娯楽の中からそういうようなことを学んでいたのです。ですから、普通の人でも程度が高かったのです。それが日本の文化になっているのです。

また、日本の仏教思想をよく描いている文学作品に深沢七郎の『楢山節考』があります。この作品では、年老いた母親が喜んで死んでいきます。冬なのに寒くもないし、雪が降る山の中に置いて行かれても寒くもなくて、喜んで、それはもう仏様になってしまっている、人間の境地ではないのです。

この小説を故三島由紀夫が大変評価していました。要するに深沢七郎が凄いのではなくて、日本の中にああいうものがあったということ、要するに、喜んで死んでいくという風習があったことが凄い、と言っているのです。他の人を生かすために自らが死んでいくことにむしろ喜んでいるというのがあった。確かにこれは凄いことなのですが、このこと自体はもう今の人たちには分からないです。「何でそんなばかなことをするのだ、何で親を捨ててしまうのだ」と単純に思いますが、それはお互いに生きる道なのです。親は死んで、その子どもたちが生きていくのです。

そして、死んでいった親は子どもの中で生きるということです。根本的にそれが仏教の思想なのです。ですから、ダーウィンの進化論と仏教的な判断はまるっきり違うってことです。進化論の場合は逆に弱肉強食で強い者が弱い者を食って生きるということですが、仏教の場合はそうではなくて、その、食われた物が食った人の中で生きているということです。死んでいく者は、食った人を生かしておくということです。その点がとても違っているのです。

譲り合う日本の文化

もう少し日本の文化についてお話ししましょう。昔、日本人は譲り合いの気持ちが強かったのです。先にお話しした『楢山節考』を映画でご覧になった方も多いかと思いますが、あれが譲り合いの究極です。人を生かすために自分が死んでいく。自分は消耗して子孫が生きる、そのために自分は生きたまま死に行くことも良いんだと。自分は死んでも子どもらに食いぶちを残して、自分は極楽浄土に登って行くのだという気持ちが強いのです。

同じようなことですが、あるエスキモーの話を聞いたことがあります。若い夫婦に赤ちゃんが産まれると、みんなで集まってお祝いするのですが、ひとりだけ雪の原野にトボトボと出て行くというのです。

みんなが「赤ちゃんが産まれて良かったね」って祝宴しているときにです。みんなも分かっているのだそうです、生まれたら順番だということが。そして、一番の高齢者が黙って出て行くのです。どこへ行くか分からないが、野垂れ死にです。

それは、自分が死ぬことによって、限りある食料を保つためなのです。それによって新しい命が生きることができるから、みんなも納得して黙っている。「俺はいやだ」ということはないそうです。そういうことでその集落は守られているのだそうです。

そのとき、その老人は死が辛くないのです。苦しいかというと苦しくもないのです。映画『楢山節考』でもそれを良く出していました。山の中、寒いのに「雪が降ってきて良かったな」と言うのです。せがれが「おっかあ、雪が降っていて良かったな」と。すると母親も「早く帰れ、振り返らないで帰れ」と言って子どもを帰すのです。周りにはすでに死んだ人がいっぱいでカラスもいっぱいいるのに喜んで死んで行くのです。

それは結局、心の持っていき方、どこへ心を持っていくかということです。そのときの心境は極楽浄土にすでに入ってしまっているのです。そういうことは経験しないと分からないものです。

私の場合はどういうところで経験しているかというと、目を手術したときでしょう。手術ですから麻酔をかけて手術をしますが、手術後に麻酔の頓服《とんぷく》を処方されます。その薬を飲まなかったのです。

手術のときには大師名号《みょうごう》や観音様の名号や阿弥陀様の名号をドンドン唱えていたので

す。すると、綺麗なものがドンドン出てきてちっとも痛くないのです。綺麗なものは目で見えるのではなくて、頭の中で見えるんです。とても綺麗でした。

帰りに、「今日は痛みが強いですから」と痛み止めをもらったのですが、ちっとも痛くないのです。拝んでいると痛みもなくなってしまうのです。

脳の中にアドレナリンが出てきて、そこに集中するのでしょう。ですから「山の中で雪が降るほど寒い中、死んでいくなんてかわいそうだな」と思いますが本人はちっとも寒くないのです。

仏教的な命のサイクル

草食動物を肉食動物が食べる、弱肉強食です。しかし、仏教的な考え方では、食べられた自分が食べたその動物の中に入って生きる、ということです。もちろん、その命のサイクルの中に人間も入っています。

弱い者が滅びていく、という考え方ではないのです。例えば、人間が米を食べる。一粒の米にも植物としての生命が宿っていますから、その命を人間が食べて生きているということです。何かの命がなくなり、誰かを生かしているということです。

肉食動物のライオンでもお腹がいっぱいなら、食わないシマウマをわざわざ殺してどこかに貯め込んで小出しに食べたりはしません。ライオンだって生きるために必要なものしか捕まえないのです。逆に草食動物も増えすぎれば自然環境がおかしくなりますから、適当に淘汰してきたわけです。ネズミが増えると植物が枯れるから、それを食べる鳥が増える。このように自然のサイクルができていたわけです。それを破壊したのが人間です。

それも自然破壊という形でです。ですから、世界中でおかしなことが起こってきています。昔の仏教というものはちゃんとしたサイクルによって回っていたわけです。神様はどこにあったかというと、山にあり、川にあり、それから水の中にあったのです。それでちゃんと人間も含めた自然のサイクルができていたのです。本来、信仰というものはそれで良いのです。それを、何かを祭り上げて、人間を祭り上げて政治的な道具に使って世の中を回そうと思うから、おかしなことになってくるのではないでしょうか。

第六章

宗教と科学

宗教と科学

「科学」と「宗教」の話をしましょう。科学を否定する宗教というのは無いのです。もしも、否定しているとしたならそれは、インチキだと私は思います。

科学と宗教、この言葉に接続詞の「と」を付けるからややこしくなってきます。三次元的な考えでは理解することが難しいのです。科学と宗教というのは次元が違うのですから、接続語は付かないのです。科学は科学で、宗教は宗教。分からないものを科学で追いつめていって少しずつ皮を剥くように分かってくるということです。それが一歩なのですが、その先はもう絶対に分からないのです。

「水が変わる」というお話をしましたが、なんで変わるかというと、多くの人はマントラで変わると言います。マントラを唱えてご覧なさい、変わらないのです。変わるというのは、どれだけの念が通せるかということなのです。

この現象をいままでは証明することができなかったのですが、『水からの伝言』という本の形で証明できたということで、一歩進んだということは言えます。つまり、力のある人はどこであろうと、どういう状況でやっても同じ結果が起こるということを私は、水をとおして証明したのです。

要するに本物は再現性があるということの証明です。意識の力なり、言霊なりに力のない人間がただマニュアル通りにやっても、それでは結果が出ません。ただ、端から見ているとその違いが分からないのです。

また、科学者であるノーベル賞受賞者の湯川秀樹博士も真言を唱えていたそうです。博士もまた、魂のうちに宗教と科学が一なるものだということを知っていたのだと思います。このように科学と宗教は対立ではなく、共存共栄することに意味があるのです。

今はまだ、宇宙の全体の十分の一くらいしか分かっていませんが、その十分の一くらい分かったものが科学なのです。科学が少しずつ分かりはじめたのは、ニュートンの力学でリンゴが下に落ちたという有名な「万有引力の法則」からです。

しかし、この発見もはじめバカにされたのです。それから、ガリレオの地球が回るという説もやはりバカにされました。ところが、科学が進んでくると、それが正論であることが分かってくるわけです。アインシュタインが相対性理論を唱えたときもそうです。現代はもっと凄い、人間の遺伝子が持つ情報までが分かってきたのです。このように科学は、一枚一枚皮をめくっていくように、解明されるものなのです。そして、その奥にあるのが宗教であって、宗教と科学というのは対立するものではなく、一緒のものなのです。一見違うように見えるのは、それぞれが存在する次元が違うからなのです。

人類の意識レベルで分かっているものが科学であり、分からないものが宗教と考えればいいでしょう。ですから、何かことが起こったときには宗教だけで治療するよりも、科学の力を借りた方が早いということなのです。

また、症状によっては科学だけでもダメな場合があります。霊障というのは科学では解明できていませんから分からないのです。ですから、霊障の場合は科学でいくら治療しても良くならないということです。

言葉を換えていうなら「物心一如」という、ある本質の現れた形の違い。例えば、肉体と精神、見えるもの、見えないもの、その両方で全部だということです。ですから、肉体だけ治療しても治らない場合は、肉体と共に肉体の奥にある精神だとか、霊だとか、魂だとかというレベルまで原因を突き詰めて、踏み込まないと治らないのです。そこはどうしても科学では踏み込めない次元ですから。

仏教の場合は「心」というものを二つに読んでいます。霊的なものは、ひらがなで「こころ」と書き、意識的なものは漢字で「心」と書いて分けています。意識までなら科学で治療できますが、霊とか、魂とかいうレベルの「こころ」の病は、宗教で治癒させていくのです。

科学者でも、科学の頂点まで行った人はそれを肯定するのですが、中途半端な科学者はそれを否定してしまうから、そこに問題があるのです。医学でも進んだ人は前世療法などを取り入れて治療に当たっています。それが本来の治療の姿だと思います。

前世療法

人間は「おぎゃー」と生まれたのが誕生で、そこからが「命」の始まりだと考えると、前世療法はほとんど意味がありません。その前があるのだということを前提として、意識がそこまで戻って行けなくては治療にはなりません。

それをアメリカでは積極的にやっているし、日本でも少しずつ前世療法が治療に使われています。だから、それが有るか無いかではなくて、少なくとも催眠でそういう状況になったときに、ある程度病気の何か原因にふれてくるということです。

今起こっている現象は、前世のものから出ると考えてください。前世、過去世のカルマが、病気や現象として現世に現れているのです。

また、考え方を変えれば、現世のカルマが来世に出るということで、そう考えれば今世で無節操なことはできなくなります。

このようなことを認めてくると、医学も治療も変わってくるでしょう。精神的な病人というのは、多くは前世のものが原因で頭がおかしくなった人です。

このように科学と宗教は対立ではなく、共存、共栄することに意義があるということをご理解いただけたでしょうか。

また、科学だけに依存した遺伝子組み換えの問題も、後の後遺症が心配されると思われます。虫が付かない作物、虫が食べると死んでしまう食物、このような利便性だけを追求して組み換えられた種がこれから後々、人間の健康に対してどのように影響するのかが大変心配されます。「言霊」や「真言」については信じる、信じないは別にして、今起こっている事実はこのようなことです。

私は、仏教の行事でよくシキビの葉を使用します。シキビの葉は仏前に供えたり、護摩焚きのときに使われますから庭場にシキビを植えておきます。葉が伸びて大きくなると葉の裏に虫が一面に付き、使用できなくなってしまいます。

こんなとき、呪文を書いたお護符を立て真言を唱えます。すると不思議なことに新しい葉には虫が付きません。これで二年か三年は虫が付かず全部使用できます。土と水の水火の動きが変わるからです。また、春先は花粉症で困っている人も鼻先に手を当てて言霊の波動で治ります。これも二年か三年は出なくなります。

遠隔による治療

「遠隔」という法力があります。「遠隔」とは、念を飛ばして相手を包み込むのです。そこには距離と時間はありません。ただ、飛ばした念がどこへ飛んでいくか分からないですから、相手を意識しなければダメなのです。

心の中で相手を意識してフッと念をかけたとき、自分から出ているオーラがスポッと抜けて相手を包み込んでしまうのです。

例えば、地球の裏側にいても瞬時に届き、オーラで包んで念をかけますから瞬時に効くのです。

オーラは、見ようと思えば誰だって見ることはできます。植物のオーラは比較的見やすいでしょう。これは、植物がよく霊を呼ぶということです。神霊も呼びますからそれを切ってしまうと悪い因縁が帰ってきてしまいます。それからもうひとつは、どんな植物でもみんなオーラはありますから、それをあんまり切りすぎると自分に入ったりします。ですから、植物を切るときはよく考えないといけません。植物には良い気が入っている物もあります。そういうときはその気を受けるのです。また、良い気が入った植物は見た目も良いのです

植物でも成長が早く、スーッと伸びていく活力というのは気の中に入っていて、それを私たちもいただくことはできます。確かに森や山に行くと気持ちが良くなります。やはり、ご神木というのはちがいます。さわると手のひらがピリピリします。凄い気を発しているのが分かります。ですから、ご神木を切ると罰が当たるのです。それを知らないから切ろうとしたときに事故が起こるのです。

宇宙には「気」と「水」と「火」の波動が充満している

宇宙には「気」の波動と「水」と「火」の波動が充満していて、生命現象はこれと深い関係があります。

意外にも東洋的なもの、神秘的なもの、近代科学では割り切れないものなどの一切を否定してきた傾向は、欧米より遙かに日本が強かったのです。

一九一三年には「透視現象」や「念写現象」の研究をしていた福来友吉《ふくらいともきち》博士が東京帝国大学を追放されています。そしてその後には超能力の研究をする学者はほとんどなくなってしまいました。日本は東洋哲学の基盤の上に社会が発展してきた国なのになぜか明治維新以来、自らの東洋性を否定することになってきたことは非常に残念です。

私の師、北野恵宝《けいほう》師は福来博士に弟子入りしてアメリカに渡り、医学と宗教を勉強したと聞いています。北野恵宝師は、毎年お盆には福来博士の供養をしていました。

少し難しくなりますが、人体という有機体は、一種の受電体であり、同時に発電体でもあります。人体内の発電と神経系や細胞系などの電気エネルギーの伝導は、各種の周波数を持っている電磁波を放出しています。このことから「水」と「火」の働きをしている霊の発展力も波動を持っていて、同質に近い霊の波動と働き合うと考えられます。そして、そのエネルギーは人体内に進入して様々な影響を与える可能性があります。また、そうした影響は血縁者の性交や受胎作用に深い関連を持っていると見ることができます。

というのは、仏説でお話ししたように、カルマの転生が今、生かされているあなたの全存在であると言えるからです。この輪廻や転生を可能にしているのも「水」と「火」の働きです。

よく観音様の甘露水は悪気を払って生命活力を与えてくれると言います。私たち行者も祈祷しているうちに憑依されることもしばしばあります。こんなときは加持水を飲んで取り祓います。

人体の病気や死や犯罪までも「水」と「火」の働き合い

万物は「水」と「火」の働き合いからなっていて生まれ、その存在は変化します。人体の病気や死や犯罪までも「水」と「火」の働き合いからなっており、前世のカルマも現世のカルマも「水」と「火」の働き合いからなっているのです。

このような現象を具体的に証明することは、行者の加行でしか証明できないと思います。どのようにするかというと、秘流炎上供養、護摩行は、天上に天蓋《てんがい》といって切り紙の御幣をつるしてその下で護摩を焚きます。幣に火が届きそうになると真言で水をかけ、紙の幣火が燃え移らないようにします。真言を唱え半眼になっていると、瞼の奥に青い水がサーッと落ちてくるのが見えます。そのときに火の勢いが静まり、

このようなことを何度も繰り返し、如来や菩薩に祈願し施主や依頼者の願い事を唱えて請願します。このとき、依頼者の信者さんが神仏を心から信じていれば、この「水」と「火」の波動は距離に関係なくどこまでも届きます。護摩祈祷した翌日、病気が良くなってきたとの電話があることが度々あります。

では、霊の中の「水」と「火」をどこでどう感じることができるのでしょう？　このことはみなさんも経験していることです。それは、ある場所へ行ったときに急に寒くなったり、反対に急に暖かくなった、という経験です。「水」と「火」の動き合いが悪く、不調和の霊がいるところは寒く、反対に暖かく感じるときは「水」と「火」の調和がとれた成仏霊がいる場合です。このようなことからも必ず祭壇、仏壇には水と火と香が必要になってくるのです。

また、人間の体も「水」と「火」の動き合いによって生命を保っています。「水」と「火」は日常生活に欠かせないもので、「水」と「火」の動き合いの調和が崩れると身体の変化を

生じて病気になったり、精神が不安定になったりします。

これは「諸法は水、火、より成る」と言えます。業を貯えている霊でも「水」と「火」から成っていますから「水」と「火」の働き合いをしています。体も「水」と「火」との働き合いから成っていて、霊の「水」と「火」の働き合いが因となり、縁となっているのです。

体が「水」と「火」の働きをなくした場合にはどうなるのでしょう？　その場合は、活性化を求めて同質に近い「水」と「火」の働きをしている血縁者の体に移っていくのです。輪廻転生としているのも「水」と「火」の働き合いには活力があってそれが働き合っているからです。

「聖水」と「聖火」

次に聖水について説明しましょう。観世音菩薩は甘露水を持って行者をお救いになりました。甘露水とは、体の中で悪玉を善玉に変えることができるお水です。また、水天、弁財天となって修行者を救うため、水天、聖水があるところが生活の寝じろとなったのです。

キリスト教の洗礼も、仏教の潅頂も、神道の禊ぎも水で、清めるものでみな同じです。サンスクリット語でビル・シャナといわれていますが、これはビルシャナラで、原語の「ビルシャ」は太陽で、ナラは大水ということです。やはり聖火、聖水であり、これを仏教では大日如来となし、真言宗の本尊として礼拝しています。

不動明王の護摩の聖火は百八煩悩の迷いを断ち、真の仏の知恵を体得させる聖火です。私たちの一切の障りを取り除き、心の病、体の病を取り除いてくれるありがたい聖火です。昔から太陽を拝み、火を守る者が尊ばれています。

水からの伝言

波動教育社より出版されている『水からの伝言』より、水と言霊による水の浄化現象を説明しましょう。

平成七年のことです。茨城県利根川の下流に土地を持って営業している会社がありました。私はこの年に何度も依頼を受けて、この会社の祈祷をしました。なんどかの祈祷を行ううちに「商売が繁盛するには利根川上流の水を浄化させなければいけない」と思い付きました。そこで、単身で上流の群馬県水上町藤原ダムに行って水の浄化の祈祷を行ったのです。

初夏のことで雨上がりのダムは水かさが増え、水もかなり濁っていました。山の上から雨水が洪水となり滝のようになって流れ落ちた後が、草を流し赤黒い土をむき出しにしていました。

私は、祈祷するのに都合の良い場所をあちこちと探して下に降りて行き、ちょうど砂と砂利で平らになっているところを見つけたので、そこで祈祷ができると思い拝み始めました。

結界して「行」、「真言」、「読経」と進むにつれ、シーンと静まり返った水面が変わってきました。それから「召請《しょうせい》（神仏の降臨を願うこと）」へと進むと、段々神秘霊妙となり、鬼門の方から一条の光が降り湖面を走りました。

そのときに急に光が射して、半眼に開いた目の中が美しく輝き始めました。なんだか身体全体が浮上するような気がしたとたん、水面に落下したかのように思えたのです。半信半疑とはまさにこのことでしょう。

経を唱える私、水面にいる私、天上にいる私、それを見ている幽体離脱した私が経を読んでいました。そのうち、水面に光が落ちて一面が明るくなり、約一時間ほどで「行」は終わりました。

　終わってから、まわりの景色を見ると、みな美しく見えて水面は波ひとつ立たない鏡のようでした。私は念のために湖面を写真にとって持ち帰ったのです。

　私は、祈祷前の藤原ダムの写真も撮っていました。その写真を見ると、ダムの上部は人間の欲望によって苦しみがみなぎっているし、下の方はこの湖水で命を落とした何人かの人の霊と怒りをあらわにしている女性の霊がありました。

　この女性は、何らかのトラブルで殺害されてこのダムに捨てられたらしく、祈祷後一か月と経たないうちに湖面に浮上したそうです。

　この祈祷のあと、頼まれた会社も段々と繁栄の方向に向かって発展していったので私も安堵しました。

　その後、平成九年に行われた「琵琶湖研究会言霊の会」で江本勝先生が言霊の講演をされると聞き、私も参加し、藤原ダムの写真を見てもらいました。すると先生は、「うん、これは本物だ」と言われ、「もう一度この場所に行って同じように祈祷して浄化をして見せてほしい」と頼まれました。私は快諾し、その年の十月二十日に浄化を行うことにしたのです。

その当日、私、江本先生、江本先生の研究員二人、私の友人の五人は、上越新幹線の上毛高原駅で待ち合わせをし利根川上流の藤原ダムへと向かいました。

秋晴れの柔らかな日差しの中で山々の紅葉が美しく照り映えて、晴天の空は青く爽やかで静かな日和でした。

ダムの付近は、あいにく道路工事をしていたので前に来たときとはちがう裏道を通りました。藤原湖に着いて昼食を取った後に湖面の水際に降りて祈祷ができる場所を探しましたがこの前と様子が変わっていたので、なかなか良い場所がありませんでした。しかし時間をかけ、なんとか良い場所を探し、祈祷を始めました。場所を設定すると、次に魔を祓うための錫杖《しゃくじょう》を立て、四方の結界をして準備を進めます。カメラも設置されています。

私は、いよいよ修行に入っていきました。灯火、薫香《くんこう》、威儀、三密観、被甲護身、仏具と「行」を進め、「行」は進んでいきました。

山岳神道の修験道の法蝉、三礼、教祖三礼、不動三礼、不浄祓い、天清浄、地清浄、内外清浄、六根清浄と唱え出すと、湖水、空、対岸の山が見る見るうちに暗くなっていくのです。

しかし、太陽の光は先ほどと変わらず、さわやかに湖面を照らしているのです。すると突然、、大日如来の白毫から、九十度ほどの光の間隔の中に観世音菩薩が現れ、錫杖に向けて赤い光を放ったのです。そして、その光は七つに分かれて湖面に散ってゆき、湖面が赤くなったとたんに観音菩薩が弁財天に変わっていました。

山の向こうから「ビルシャーナー、ビルシャーナー」と聞こえてきました。太陽が大日如来になっていました。私は半眼にして対岸の山の下の湖面に接しているところを見ると、なんとそこには大五帝龍と八大龍王が湖面に顔を突きだしていました（口絵写真参照）。ちょうどそのとき、お経は高野山福寿祈願弁財天法を唱えていました。この秘法は弘法大師寺、最極最勝の秘法です。

この秘法は弘法大師の守護神たる福寿の三神、弁財天、毘沙門天、大黒天、及び地、水、火、風、空の大自然を守護する五帝の龍王に対し、吾等が至心の祈りを捧げて祈願の成就を祈る最極最勝の技法です（高野山宝亀院福寿祈願秘法より）。

祈りは終わりました。私は頭のトキンを取り、土堤の上に上がってみました。すると、雲一つない晴れた空に秋の太陽が輝き映えて、まわりの景色は実に美しいものでした。

紅葉には少し早い山は青く、所々に楓《かえで》がちりばめられたように赤く微笑んでいます。堤の草木は、黄金色に黄色く輝いて見えました。

祈祷の前と祈祷の後でまわりの景色が変わって美しく見えるのは、自分自身の「水」と「火」の調和が生きる喜びを感じ、上格しているからです。上格というのは、人格と霊格ともにです。

ここまでは江本先生のご苦労によって科学的に証明された水の波動結晶です。なぜ言霊（真言）によって水が変化するのか、このことはいかんとも証明することができないのです。これは、次元を越えたことだからです。言霊の不思議はこのところにあるのです。と言って、科学を否定しているわけではありません。科学を否定した宗教こそまやかし宗教です。

琵琶湖の浄化

藤原ダムの浄化のあとに「浄化をして欲しい」という依頼がありました。水の浄化は、ほとんどボランティアで、欲のためにやっているものではありません。

場所は、琵琶湖です。私が初めて訪れたとき、琵琶湖の近江神宮には横井宮司という方

江本勝さん（左）と私。琵琶湖をバックに。

がおられました。その方は、靖国神社をもり立てた方で、先祖にやはり大僧正がいたと伺いました。私が近江神宮に着くとすぐに横井宮司が来てくださり、いろいろとお話しをさせていただいたのですが、その方がお辞めになってしまったのです。その後、江本さんが講演に頼まれて来たときに藤原ダムの写真を渡したのです。そして、こういうことをやって湖が浄化されたのだと、お話ししました。

するとと九月ごろ、江本さんから「確かに水が変わっていますね。もう一度やってもらえないでしょうか」と電話がかかってきたのです。それで、十月の二十日に水の浄化を行いました。そして、水の浄化をしたあとに、今度は琵琶湖でやろう、ということになったのです。
琵琶湖の浄化は、「琵琶湖を人の輪で囲もう」という大がかりなもので、何万人かが集まる、という計画でした。私も準備をして近江神宮に申し込んで協力をお願いしました。しかし、残念ながら近江神宮から、「暦が違うから一緒の行はできない」という返事が返ってきました。

江本先生は、「十三月の暦」、近江神宮は十二か月の暦なのです。いかにも官僚的なことです。上司にあたる神社長が反対したのでしょう。しかし、いくら神社長が反対しても琵琶湖を守るためならやるのが本当なのです。横井さんならきっとやってくださったと思います。たとえ暦が違ってもやることは一緒です。ですから、「行」をやって、そのあとに暦が違うという議論をすれば良いのです。

私は、このような官僚的な考えでの凝り固まったところにはいられないと思い、別れました。もちろん、別れる前にちゃんと段取りはしてきました。

慈恩寺の猊下《げいか》から比叡山の千日回峰をやった高僧に話を通してもらうことになっていました。ところが、近江神宮の方がモタモタしているうちに場所がないと言いだしたのです。

結局、琵琶湖を浄化しようという運動は、何百人程度の小さな集会になってしまいました。

また、琵琶湖の浄化をする前には神様に挨拶をしなければいけませんから、竹生島《ちくぶ》に挨拶に行きました。

琵琶湖に集まった人たちみんなで断言をやり、私は護摩を焚いたのです。護摩を焚いたときには、確かに琵琶湖はきれいになったのです。しかし、それは、そのときだけ、一時のことでした。

ただ、そのときに護摩を頼んだ人は変わりました。護摩祈祷した人は悪いところが治ったり、それぞれに結果が出ているようです。

ある霊能者の話

ここからは私が出会ったユニークな霊能者のお話をしましょう。

日本人は戦前まで、ほとんど肉は食べませんでした。戦後になってからも昭和三十年初期までは、たまに鶏を食べることはあってもほとんど肉は食べませんでした。

象なども体は大きくても、草だけを食べてあの大きな体を維持しているし、牛もそうです。牛も草食ですが、あれだけの乳を出しています。

人間でも菜食主義という人がありますが、私の知人でも絶対に肉は食べない人がいます。その人は戦争のときに兵隊で満州に行って捕虜となり残留したのです。そのときに「絶対に肉は食べない、野菜しか食べない」と誓ったらしいのです。そして今、八五歳くらいですが、絶対に肉は食べませんが、太って、元気でピンピンしています。太ってはいますが病気がないのです。肉はいっさい食べないし、魚も食べません。酒なども少し飲むくらいで、たばこはもちろん吸いません。その食生活が戦後からですから、もう六十年くらいです。

その人は大西・アラタカ・アナー氏という方で、八五歳という高齢ですが、日本の神学を学んで、お元気で世界中を回って歩いているのです。その人に師匠はいないと言うのです。なんと、神様が直接教えてくれたと言うのです。ある種の霊能者であることは間違いないようです。

新潟の霊能者の不思議な話

私の友人で新潟県の渡会先生の不思議な経験のお話です。

渡会先生は特殊な超能力を持った方で、いろいろ教えていただくことが多くありました。あるとき私のところに、埼玉県川越市の方で昔の霊に憑依されたという人が、苦しみを訴えて「なんとか除霊してくれ」と言って訪ねてこられました。私はなんとかその霊を取り除こうとして祈祷いたしましたが、なかなか思うようにはいかず、何回やってもダメでした。

そんなとき、フッと渡会先生のことが頭に浮かんで、教えを請うことにしました。これは、電話で教えを請うたときの話です。

釈迦如来が出現し「この呪文を唱えろ」と、呪文を教えたということです。その呪文を電話で聞き早速やってみました。

すると、二～三回やっているうちにきれいにその霊障がとれたのです。密教と顕教の違いはこういうことです。顕教の場合は如是我聞、と申して「私はこう聞きました」ということから始まることが大変多いのですが、密教の場合はそれを通り越しています。つまり、時間と空間を超越していますから、釈迦如来が現世に降りて来て、そして姿を現して、直に教えるということです。

密教は時間を超越してありますから、二千五百年前の釈尊が突然現世に降りてくるということが有り得るのです。

密教と顕教との違いはこのところにあります。「密教の遠隔祈祷とは、念力を放って、憑依されている人や病気の人を平癒し、治すことであり、アインシュタインの一般的な相対性理論による時間が空間を超越するということで、これは自分から出ているオーラを際限なく伸ばして、そのオーラで相手を包み込んで念力をかけることだ」と渡会先生は説明しています。

私の場合は十年ぐらいの修行で遠隔祈祷ができるようになってきました。

心の本性

少し難しいお話になりますが、心の本性は常に正常なのですが、多くの人はそのありのままの姿を知ることができません。ですから、心は常に汚れていると思いこんでいます。

般若心経の中に出てくる「不生不滅、不垢不淨」とは、汚れることは無いということです。もし、正しく悟ることができるなら、自らの心が正常だということを知ることができます。

心が清らかでなければ、すべての物体は正常にはなりません。言葉だけではダメなのです。いくら正しい発音の真言であっても、何者をも正常化することはできないのです。密教に出てくる「身」、「口」、「意」は、このことを説いているのです。

心には「貪り」、「怒り」、「愚かさ」という三毒や、「喜び」、「怒り」、「悲しみ」、「恐れ」、「愛」、「憎しみ」、「欲」の七情をはじめ、八万四千の苦があると言われています。これはみな、自分から出た心の浄化によって消滅されます。

私のところに苦しみを抱えて、何とか助けてもらいたいと、訴えてくる方もあります。そのような方には「御仏の前でその苦しみを、残らず吐き出してごらんなさい。気が楽になりますよ」と、よく申し上げます。

生きていれば、いろんな苦しみがあります。病気の苦しみなどすべての苦しみは、自分の前世から出たもので、カルマとの関係によるのです。前世、過去世にどう生きたか、その生き様によって、現世でいろいろな現象が現れてきます。

みなさんもここで、考え方を変えてみたらいかがでしょうか。つまり、発想の転換です。「苦しみは楽になる前提であり、苦しみを越え、その先には楽がある」と。このように考えてみるのです。

諸行無常、是生滅法、生滅滅已、寂滅為樂。全てのものが変化して変わっていきます。消え去り生まれ、消え去り生まれ、そして、やがては新しく発展して揺るぎのない悟りの道に入っていくのです。

諸々の悩みを絶ち、喜びを示してくださる御仏に帰依し、奉る。すると心は、浄化されてきます。心の浄化は「懺悔」がなければできないのです。

「懺悔」は優しいようで非常に難しいものです。なぜなら、仏様への帰依がなければ「懺悔」はできないからです。どんなに高い知識や学問があろうとも、このようなものはかえって邪魔になる場合が多いのです。このところに、みなさんが気付いてくれれば世の中が変わってくるのです。

これは私が仏道修行をする前の話ですが、新約聖書『マタイ伝』の中に「幸いなるかな心の貧しきものよ、天国はその人のものなり」という句があります。私にはこれがどうしても分からなかったときがありました。「なぜ、心が貧しいと、その人が天国へ行けるのか」、どうしてもそれが不思議だったのです。ところが、よく考えてみると、心が貧しいということは、謙虚な心を持つということで、決して、知識が薄い、学問が無い、物を知らないということではないのです。心の貧しさは、謙虚な心であってその心が天国へ導くのだということが分かりました。

仏の知恵で物を考える

このほかにもこのような例がありました。その方は、高等教育を受け博識があり、大学の助教授をされていました。そして、その方のご家族もみなさん高等教育を受け、教育には万全を期したすばらしい知識階級の方たちでした。

しかし、そのご家族が檀徒になって、かれこれ二十年近くお経を読んでいますが、まったく霊格が上がらず、家の中は年中もめごとが絶えないのです。それはなぜなのか、分かりますか?

彼らには知識がありすぎるため、自分で勝手に解釈をする。法を自分で解釈して、人間の知恵で法を解釈してしまうのです。これでは通じませんし、神仏は動きません。しかし、このことはほとんどの人が分かっていません。ですから、人間の知恵と仏の知恵では、違うということを知らなければならないのです。仏の知恵で物を考えるときには、いろいろな良い方向に変化していきます。

例えば、人間の体は「水」ですが、「水」が変化するように変わっていくのです。七割が「水」、残りの三割が「土」で人間はできているので、哲学者ニーチェは「神は死んだ」と言っています。

ニーチェの後期の思想の中心概念のひとつがその手記に残っています。「俺たちが神を殺したのだ。富める者は神の名によって、貧しき者を搾取する。また、貧しき者が神の名において富を求めようとする。また、権力者が神の名においてその権力を維持しようとしている」と。

中世ローマのキリスト教会は、免罪符を売って人を騙しました。これは過去のことのようですが、現在、このようなことは日常茶飯事的に行われています。ただ、社会が複雑になっているためその仕組みが顕らかには分からないだけのことなのです。

古今を問わず、宗教を悪用し続けているのです。また、六道輪廻《りんね》とは「地獄」、「餓鬼」、「畜生」、「修羅」、「人間」、「天界」の六道を輪廻するということです。この説は、すべての生物が再生して、巡り逢う特殊な世界を意味しているのではなく、人々の、常日ごろの営みの中で、毎日繰り返されている考え方や行動のことを喩えたものなのです。

六道輪廻説を人間の再生とみるのは、親から生まれた自分を棚上げにしているからです。

親の悪口を子供が言っているのも、自分が産んだ子どもの悪口を親が言っているのも、業、カルマ、輪廻や転生ということを無視しているからであり、自分を孤立した存在のように錯覚しているからなのです。

自分が先祖の分身であるということを知れば、先祖の業やカルマは自分の業やカルマだということを知ることができます。そして、自分の業やカルマは子孫に繋がっていくということを知ることもできるのです。

このような理解の上に立って物事を考えることができれば、自他の不幸せという運命が何から来ているのか、現在を起点として、先祖の不幸へまで遡っていくことができます。自分と他人の働き合いから成っている世界に自分が生かされていることを知るならば、他人の気持ちや立場に自分を置き換えてみることで人間関係を平和に保つことができ、人格の完成に役立ち、霊格が上がるのではないでしょうか。

古代より、中国思想の儒教思想、道教思想が、日本における仏教思想の縁起となっていました。しかし、戦後の日本では、西洋のデモクラシー思想が盛んになって個人主義が横行したために誰もが利己主義となって、他人を省みることがなくなってしまいました。

現代の若者たちの行動にもその傾向は目立っています。例えば、すれ違いざま突き当たってきて「すみません」のかわりに「気を付けろ！」と、自己中心的な解釈で謝ることができない。弱い者はいじめる。自己を確立することはできないので、パラサイト（寄生虫）と呼ばれ、親や他人に寄りかかった生き方しかできない。また、このところ猟奇的な犯罪者が目立って多くなってきたことも憂慮されます。

日本全体がこのようになってきた原因のひとつは、日本人の大多数が、物質的にしか物を見ることができなくなっているからでしょう。精神的な見方で物を見ることができなくなってしまっているからでしょう。

西洋哲学は、人間の意識が存在を決定する観念論や、存在が意識を決定する唯物論といった具合に、対立する観念の上に立って二者択一の決断を求めてきました。それに対して仏教は「苦」または「空」という限定に立った物の見方や考え方をしているのです。つまり、存在と意識との働き合いと見ていて、その働き合いが存在や意識を決定すると見ています。

私たちの運命は神の意志によるのではなく、「因」と「縁」の働き合いによるものであると見れば、存在（因）か意識（縁）かをどうにかすれば運命改革の可能性があるということになります。

このような差異が、神の賛美を主張するキリスト教と人間自身の思考や行為に重点を置く仏教との在り方の相違を生んだのです。

キリスト教は神を拝み、仏教は三身あり。三身の法とは、「法身」、「報身」、「応身」、の三身です。「法身」とは、色も形もない證《あかし》のことであって、したがって色も形のない仏が「法身」です。「報身」とは、菩薩が請願をおこして修行し、その成果によってえられた仏です。「応身仏」とは、人間の生身に現れた仏で、釈尊も応身仏です。

「僧」の本来の在り方

組織を作ること自体が、人間の欲望です。神様なり仏様に声をかければ、それでもう繋がることはできるのです。

また、同じ志を持ったグループがまとまれば良いのです。グループがまとまることを「僧」といいます。しかし残念ながら、グループがまとまると欲望が出てきてそれを支配しようとする者が出てきます。その人を中心としての宗教になるのです。

そうではなくて、そのグループを簡単に説明するなら、ユートピア、「別世界」を作るというのが「僧」の目的なのです。「僧」というのは、一人ではなく、二人以上集まれば「僧」になります。「僧」というのは、お坊さんの僧ではなく、そういった神仏を信仰して神仏に帰依する人の集まりが「僧」なのです。

集まり自体が「僧」であり、出家して剃髪した人が「僧」ではないわけです。「僧」というのは、神を信じて帰依する人がいるとき、一人では間違いを起こすから、二人以上になって「僧」になるのです。その帰依する人たちが増えて、もっと集まっていくと段々段々「僧」が大きくなっていくのです。

しかし、残念ながら「僧」が大きくなってくると、みんな欲望に流されて行くのです。目的が現世利益になってしまい、それを自慢しあうわけです。現世的なご利益は、決して宗教の目的ではありません。新興宗教の教祖という人の多くは、「自分は誰かの生まれ変わりだ」と言いますが、実にナンセンスです。釈迦如来は「あまりお寺を建てるな」と言いました。キリストは無教会主義です。キリストは「教会には神がない」と言っていますし、お釈迦様は「お寺はいらない」と言っています。ですから、両方とも弟子が罰当たりなのです。教会を建てたり、お寺を建てたりしましたからね。やはり、それが現実に出ています。ということは、大きなお寺を建てた人は悪いことをしてしまうのです。お金を集めているからです。

宗教の目的はあくまでも極楽浄土に向かって解脱するということにつきます。その過程で、できたらこの世にそういう浄土に近い関係を作るということです。

「浄土」や「解脱」と言っても漠然として分からないし、信じられないのではないでしょうか。なぜなら「証」がないからです。その「証」のために、「方便」があるのです。いろいろな奇跡が「方便」として出ているのです。

病気が治ったということも、水がきれいになったということも、それもひとつの方便です。それはそれで、治った人、見た人には確かに「ある」ということが、「神仏がある」ということが分かるのです。

「どこにでも仏の力は偏在していて、いつでも、どこでも、誰に対しても仏の力は顕現するんだよ」と、いうことの証のひとつです。

また、あの場で通用したことは、どこでも通用するということも言えます。つまり、再現性があるということです。例えば、水道水でも念を入れると変わる。私が念を入れれば、水道水が『水からの伝言』の水になるのです。そして、念を入れた水を家に帰ってほかの飲み物などに入れると二四時間で転写します。この水は、なにに効くかというと、何にでも効きます。例えば、霊証を切るということもできます。軽い霊証なら水で切ることができます。

私が祈れば、祈った瞬間に水はできます。そして、それを増やすには祈らなくても、転写していけばいいのです。それが二四時間たつと段々変わってくるのです。ですから、元はやはり作らなくてはいけません。

結果は必ず出る

密教の証はちゃんとあります。ご祈祷をすると、結果は明確に出ます。要するに、「治ったような、治らないような……」ということではなくて、ちゃんとした方法でやれば結果は出るということです。結果が出るということは、話の上で出るということではないのです。ここが問題なのですが、結局、念力を使うということです。観念を念力に変えるということです。つまり、神仏のエネルギーを使って、実際に結果を出すということです。

ご祈祷でも、気休めと本当の力とがありますが、大部分が気休めか、いい加減なことを言っているかです。

しかし、本物であるか、実力があるかということを見極めることは誰でもできます。それは、「その場で変わる」ということです。お祓いに行ったその場で変わらなければダメなのです。お祓いが終わった時点で変わらなかったら嘘です。

例えば、霊障で具合が悪いときにお祓いをしてもらいます。そのすぐあとにすぐスッと楽になっていないといけないのです。「なんかまだ良くならないのです」と言うと、「いえ、大丈夫。あと三日たつと良くなります」と言う人がありますが、それは嘘です。力のない人は言葉でごまかすのです。

私が思うに、実際に密教の本当の力を行える人間はほとんどいないと思います。それだけの「行」をしていない人が多いということです。

「行」の中に、護摩焚きというのがあります。護摩を焚くのは、はじめは護摩行としてやります。それは毎日毎日の修行で、一歩一歩の積み重ねです。

それをやれば道を間違わないわけです。人間は、苦しいことが起こるとその考えがドンドン増幅してきて、「あいつ殺してやろうか」と思うまで段々段々大きくなって、本当にやってしまう場合もあります。そういう悪い想いが出てきたときには、仏の名号（仏の名前）を唱えて、仏様にその苦しみを持って行ってもらうのです。

つまり、その苦しみを仏様に代わってもらうのです。それを繰り返すことで、段々と術が身についいて、身に入ってくるのです。そうすると、手をかざしただけでサーッといろんな奇跡が起こるのです。

あとがき

迷子になった幼子が、親に会えたとき「ああ、生きていてよかったな」と思います。それは、生きた宗教に巡り会ったときの、あなたの魂の言葉です。

今あなたが、この世で苦労しているとするなら、ある意味、天国に貯金をしているのだと思ってください。ですから、苦労すればするほど、天国にドンドン貯金が貯まってきて、死んだときに、幸せになれるわけです。

この世の銀行に何千万円とか何億円という貯金があったとしても、それは何にもならないのです。この国がどうにかなってしまったときには、ただの紙屑です。

キリストも「天国に蓄えろ」と言っていますし、お釈迦様もやはり、日蓮が言った言葉ですが「身の財より、心の財、心の財よりも……」要するに、「心に蓄えろ」ということを言っています。

それは、天変地異があろうが天の蓄えは全然微動だにしないが、倉庫に貯めたり銀行に貯めたりしていたら何かのときに終わってしまうということです。現に、最近では銀行に貯金していても保証の限りではなくなってしまっています。

やはり「心の豊かさ」が、くずれない「平和」とか「幸せ」とかの基になります。ですから、実際は貯金通帳にお金が貯まっていなくても良いのです。家族が暮らせるだけの物があれば充分ですし、それで満足しなくてはいけません。

また、お金も回していないと段々と腐ってきます。お金という物は念が付いていますから、貯め込むということは念も貯め込むことになります。良いお金もありますが、やはり苦労した人や苦しんだ人の念が入っているお金をいっぱい貯め込んでしまうと影響を受けます。ですから、「心に貯金する」のです。物ではなくて心に貯金をすると死ぬとき天国に行けるのです。

そのとおりなのですが、今はその反対のことが起こっています。ということは、人によっては前世で蓄えた物を今、全部使っている人がいるのです。せっかく前世で徳を積んだお陰で今、不自由のない幸せな生き方ができるという人が、その徳を全部この世で使っているわけです。

徳を積まないで悪いことをして使っているのに悪い報いがこないということは、矛盾している話です。矛盾している話ですが、きっちりと収支計算がついているわけです。命の歴史の中では「今使い切ってしまったなら、次に行ったときは預金高がゼロだよ」

ということです。そして、「またここで徳を積みなさい」ということで、修行をさせられるわけです。

この世だけで帳尻をつけようとすると分からないことがたくさん出てきます。とても良い人が、苦労して、苦労して、亡くなってしまう。私はそれを見ていると、この人はこれだけちゃんと徳を積んでいるのだから、次はすばらしい生き方ができるだろうと思います。しかし、それが人間には見えませんから、今だけの不幸や物質的な豊かさではかろうとしてしまいます。私たちは過去も分からないし、未来も分からないのですから、やはり、収支決算はこの世一代だけではつくものではないことを心して、密教の教えを毎日の生活に生かしていって戴きたいと念じています。

合掌　加藤宝喜

◎お問い合わせ先

真言宗金剛院派　**寿宝院**

〒331-0043　埼玉県さいたま市大成町 3-507

TEL　048-665-2084

FAX　048-665-2094

ホームページ

http://www.juhouin.com

メールアドレス

info@juhouin.com

〈著者プロフィール〉
加藤　宝喜（かとう・ほうき）
1977 年 3 月 14 日、真言宗金剛院派管長・北野恵宝師より道場授戒得度を致し、僧名宝喜授す。
1982年3月14日、奥傳授興。同年4月埼玉県大宮市（現・さいたま市）大成町 3-507 番地に道場開設。
1984 年、宮地神仙道入門道士号 58-9 道士章授す。現在に至る。

波動の極み

2001年 11月 15日　第 1 版第 1 刷発行

著　者　加藤宝喜
発行者　韮澤潤一郎
発行所　株式会社たま出版
〒160-0022　東京都新宿区新宿1-10-1
☎03-5369-3051（代表）
☎03-3814-2491（営業）
印刷所　東洋経済印刷株式会社

ISBN4-8127-0151-1 C0015